JN409319

그대에게 가는 길

그대에게 가는 길

피귀자 수필집

수필과비평사

❙책을 펴내며

지난 몇 년간 나의 그대는 '창작'이었다고 말하고 싶다. 현대문학에 대한 이론과 평론 공부로 학문적 접근을 시도하면서 뇌리를 떠나지 않는 화두는 창작이었기 때문이다. 무디어지는 감성의 끈을 잡고 상상력을 키우고 소재를 형상적으로 발견하기 위해 무던히 애썼기에, 수필집 제목을 '그대(창작)에게 가는 길'로 정하여 보았다.

첫 수필집 《종이 날개》를 묶고도 별 변화 없이 글을 쓰던 중 문체에 틀이 생기고 매너리즘에 빠져 통증을 앓고 있던 즈음, 《창작에세이》 재등단과 평론 공부는 내 글쓰기의 터닝포인트가 되었다. 찰스 램과 윤오영 등의 창작 · 창작적인 작품에 관심을 갖게 되었고, 관찰력과 상상력, 감각의 단련을 위해 수많은 여행지를 전전하고 전시관과 문학관 순례를 하며 낯선 것들을 만났다. 또한 카메라의 눈을 통하여 세상을 다시 보기도 하였다.

하지만 창작의 길은 쉽지 않았다. 《창작에세이》 쪽으로 관심을 가지면서 창작에 몰입하려고 했지만 이미 굳어진 머리와 타성에 젖어

한 발 앞으로 나아가다가 뒤로 물러서기를 반복하였다. 그러면서 마음 밭에 객토하고 글밭의 땅심을 돋우기 위해 한 번 더 등단의 형식을 거쳤던 것이다. 창작의 밭에 씨를 뿌린 후에도 의욕과 갈망의 염원만 키운 채 추수가 적어 애태우는 세월 속에서, 평론 등단도 하면서 점차 창작의 묘미를 알게 되었고 새로운 희열을 느끼게 되었다.

어느덧 첫 수필집을 묶은 후 일곱 해가 다 지나갔기에 부랴부랴 2집을 묶으려고 글을 펼쳐놓고 보니 겨우 오십 편밖에 되지 않았다. 긴 시간 애만 태우고 치열하게 쓰지 못하였던 관계로 그 속엔 이론공부 전에 썼던, 마음에 미치지 못하는 글들도 더러 있지만 더 지체할 수 없어 세상에 내보낼 용기를 가졌다.

여전히 창작은 쉬이 곁을 내주지 않는다. 하지만 요즘은 시적 창조정신과 소재에 대한 비유창작을 찾기 위해 시와 소설은 물론 다른 모든 장르, 동화나 희곡, 심지어 미술이나 음악, 무용, 영화까지 타 장르 창작 양식을 원용할 수 있는 실험수필에도 관심을 가지고 시도하고 있는 중이다.

글을 쓰면서 만나는 인연, 새 배움의 기회를 주신 이관희 선생님께 감사드린다. 함께하는 문인들이 소중하고, 한없이 인내하고 울타리가 되어주는 가족이 있어 행복하다. 수필집 출간을 위해 애쓰신 수필과비평사님들께도 고마움을 전한다.

2017년 초여름
피 귀 자

●

차례

4부 가는 날이 장날

5부 빈집

제1부

보물

도라지꽃

버선을 신은 어머니의 발이 어찌 이리 작을까. 순간 또 코끝이 겨자를 씹은 듯 맵다. 올 고운 명주 수의를 입은 모습이 눈물 바람 속에서도 깨끗하고 고왔다. 마지막 인사에 발부터 잡은 건 돌아가시기 몇 달 전부터는 아예 걸어보지도 못하고 가신 게 못내 마음 아팠기 때문이었다. 이제 어머니의 시간은 다른 박자로 흘러 중요한 것이 빠져나간 무의 세계, 고요 그 자체다. 애끓는 자식들 앞에 흰 도라지꽃 같은 창백한 얼굴, 작아진 육신만 남겨놓고 외딴섬처럼 누웠다.

어머니는 알게 모르게 안개가 스멀스멀 진군해 오듯이 통증이 잦아지고 살이 내렸지만 병원에서 알아서 관리하리라 안이하게 생각했다. 일을 당하기 이틀 전에도 병원에 갔건만 짐작도 못했다. 평소와 특이했던 점은 하나도 없었으므로. 며칠 후 해외여행 갔다 오겠다는 맏딸의 말에 "또 가나?" 하시던 말씀이 귓가에 쟁쟁하다.

•

어머니 본인은 자꾸 안개 속으로 빨려 들어가고 있음을 감지하셨을까. 패색을 감지한 병사처럼 자신 없는 소리는 가끔 했었지만 그 소리가 그렇게 듣기 싫어 손을 내저었다. 자식이 되어서 삶과 죽음의 경계선을 따라 속수무책으로 끌려가고 있는 줄 짐작도 못했다. 어깨와 팔 피부 겉으로 걷잡을 수 없이 번져 나오는 보라색 멍, 웅크리고 있는 늪을 보고서도 진통제를 상복한다는 걱정만 했다. 심장이 나쁜 상태가 이십 년도 넘었으므로 언제나 그렇게 어머니는 더 살아있을 줄 알고 아직은 때가 아닌 것 같다고 마음대로 생각해버렸다. 병원에 입원을 하고 계시니 목숨은 얼마든지 엿가락처럼 늘어지는 줄 알았다. 부끄러운 가시가 폐부를 찌른다.

고향 땅에 같이 살고 있어 늘 애쓰고 있던 막내 여동생의 전화 속 통곡 소리를 듣고도 어머니보다는 다른 일이 생긴 줄 알고 놀랐다. 심장이 뛰지 않는다는 소리를 듣고서야 그 마음이 내게로 건너와서 하얀 현기증과 함께 눈앞에 자우룩하게 안개가 끼었다. 흐려지는 시야에 손에 것을 들었다 놨다 갈피를 잡지 못하다가 겨우 병원으로 달려갔다.

본능에 각인된 설계도대로 정해진 날보다 앞당겨 목욕재계한 후, 깨끗한 옷으로 갈아입고 그나마 평안히 가셨다니 위안을 삼을 밖에. 그날이 마지막인 줄 알았다면 적어도 머리카락을 잘라 달라는 청만은 들어드려야 했던 것을. 미용하는 날이 있었지만 남의 손보다도

엉성하더라도 맏딸 손에 맡기고 싶었던지 정리해 달라는 부탁을 다음에 하자며 외면하고 서둘러 돌아와 버렸다. 다음은 없는 것을. 회한이 가슴을 친다. 여러 번의 빗질로 마음을 다독여 드리고 휠체어 밀며 같이 나들이 나가 함께 시간을 보내면서도, 시계를 마음에 두고 있었다.

습기 찬 바람의 알갱이가 무수한 가시돌기 같다. 깊은 삽질에 올라온, 관을 덮는 부드러운 흙의 속살이 가랑비에 젖을까 애간장을 태우게 하더니, 언제 그랬냐는 듯 다시 해가 솟았다. 소리를 메기는 상두꾼의 소리가 더 우렁차고 여럿이 둥글게 돌며 야무지게 흙을 다진다. 무덤이 점점 모양을 갖추어 갔다. 팔순 후반까지 사셨으니 호상이라는 말은 자식에게는 귓등이었다.

그러다가도 끼니때가 되니 남은 사람들은 밥을 먹는다. 된장을 한 숟가락 뜨면서 손끝이 매웠던 어머니 음식 생각에 목이 메었다. 묵직한 수고를 보태어 자연의 맛을 창조하던 어머니의 손맛. 뜨뜻한 온돌에서 먹던 구수한 된장국 냄새와 숨결이 고르던 시절의 추억에 눈물 밥을 떴다. 시간이라는 강을 건너고 공간이라는 장벽을 넘으면 이 마음 무디어질까.

어머니를 남겨 둔 채 돌아서는 마음을 대신해 하늘이 또 비를 뿌렸다. 돌아나오는 골짜기 끝자락에 흰색과 보라색이 어우러진 도라지 꽃밭이 고왔다. 꽃이 아름다운 것은 제 목숨을 바쳐 그것을 피워

냈기 때문 아닌가. 어머니는 꽃을 아주 좋아했고 특히 도라지꽃을 좋아하셨다. 일찍 돌아가신 외할머니가 좋아하시던 꽃이라서 더 예쁘다고 하셨다. 어린 시절 볼록한 도라지꽃을 톡톡 터트리며 엄마는 어느 색깔이 더 예쁘냐고 물은 적이 있었다. 흰색과 보라색 둘 다 좋아한다며 환하게 웃던 얼굴이 도라지 꽃밭 위로 겹쳐졌다.

보잘것없는 작은 성의에도 늘 고맙다는 말을 달고 살아 우리를 민망하게 했던 어머니. 허공을 지나는 바람처럼 자유롭게 도라지 꽃대가 일렁인다. 아니 어머니가 손짓했다. 뒤돌아보지 말고 어서 가라고.

21세기 아침

옥순아아 옥순에이~ 여기다 여기
응 간대이
야가 소리만 나고 어디로 간나

칠십대 후반으로 보이는 할머니들 아침 일찍 어디로 가시는지 지하철 두 칸이 떠나간다.

일로 온나카이
오냐 가께

한분은 급하게 지하철에 오르느라 친구와 다른 칸에 타게 된 모양이었다. 옆 칸으로 가려 하였지만 칸막이 문이 열리지 않아 허둥대다 마침 반대쪽에 선 학생의 도움을 받고 건너오셨다.

학생 고맙대이 학생 아이먼 건너오지도 몬하게따
와 이리 늦었나
일났다가 또 잤따
늙은이가 무신 잠이고
야 니 이뻐졌네
새 신 샀나

세 명 할머니들 이산가족이 만난 듯 수다가 시작됐다. 살집이 붙은 몸매에 비슷한 키, 둥실한 얼굴은 이웃집 할머니들 같이 푸근하고, 아직도 짱짱한 그 모습들이 마치 소녀 적 소풍날처럼 들떠있었다. 서로 보이는 대로 이야기하느라 동문서답이다.

나이키 세일하더라
메이커라꼬 다 안 조타
돈만 마이 주마 되나 나는 비싼 거 샀다가 내삐리따
비싼 거 좋다꼬 사 신어쌌티 왜 내삐맀노 안지래이 시자아 가바라
만 원짜리도 개깝하이 조타아

경로석에 나란히 앉은 세 할머니들 신발 이야기에 이어 가방에서 음식이 나왔다 다른 사람들 시선은 아랑곳하지도 않는다. 모든 잎을 내려놓은 늙은 나무는 바다를 훑고 다가오는 샛바람에도 끄떡없듯이.

비타민 하나 무라
나는 먹꼬 왔다
그라마 요구르트 무라
개안타 배부르다
니 모자 참하네 허어어
너거들 보이 이래 좋네

얼굴마다 담긴 표정이 정답다. 칠십 후반에도 이름을 불러주는, 인생 끝까지 함께 가야 할 눈부시게 두렵고 아름다운 인연 친구들. 가루 비타민 봉지 왔다갔다 하다가 갑자기 모자로 시선이 쏠려 동문서답하다가 방금 열차에 오른 노부부에게로 일제히 시선이 쏠렸다. 노부부가 자리에 앉자마자 말다툼을 시작했기 때문이다.

그 할마이한테 전화번호는 왜 갈체 주는데

가르쳐 준 적 없어 전화 와서 받았지

그라마 어째 알고 전나질이고 지가 먼저 해놓고 오리발 아이가

모르지 고마 해라

고마하게 됐나 속살속살 열 받게 해놓고 전나 왜 하냐고 왜?

…….

입 다물고 있으면 다 가 어디 말해 보라꼬

그 할마이 나타나기만 해봐라

호리한 몸매에 보기에도 양순해 보이는 할아버지는 목소리가 기어들어갈듯 하다가 입을 다물어 버렸고, 눈꼬리가 올라간 할머니는 주위를 아랑곳하지 않고 목소리가 점점 올라갔다. 급기야 할아버지를 집어 뜯는지 얼굴이 일그러지고 비명이 나왔다. 옆에 있던 아저씨는 슬그머니 자리를 피하고 모녀는 킥킥거리고 마주앉은 아줌마도 난감해하여 웃었다.

검은 점퍼 고동색 바지 베이지색 모자의 할아버지 얼굴은 점점 창백해지고 화난 할머니는 긴 얼굴이 점점 더 시뻘게졌다. 외출하는 할아버지를 급하게 쫓아 나왔는지 할머니의 발엔 꾀죄죄한 슬리퍼가 걸려있었다. 헐렁한 바지에 목이 늘어진 티셔츠가 집에서 뒹굴던 옷차림임을 말해 준다. 화난 할머니는 숨김없이 바깥으로 퉁겨 나오는 성정이 보통이 아닌데 아직도 남아 있는 질투심이 찌개 냄비 끓

듯 부글거리고, 나직한 비명이 삐걱거려 곧 발산할 활화산 같았다.

아이구야 저 할마시 대단타 여가 어디라꼬 영감을 쥐 잡듯 하노
잘몬한 기 있겠제
우리사 영감한테 찍소리도 몬 해봤제
영감 무서븐 줄을 모리고 저래 아 나무래듯 하이께네…….
암만 우리는 눈만 치켜떠도 설설 기미 살았제

세 할머니들 서로 눈짓을 하며 옆구리를 찌르다가 성난 할머니의 사나운 눈과 마주치자 찔끔했다. 말다툼이 몸싸움으로 끓어 넘치지는 않을까 목청을 찢으며 뚜껑이 열리지는 않을까 했지만 염려하던 일은 일어나지 않았다. 할아버지의 고뇌에 찬 눈이 서글퍼 보였을 뿐.

노부부가 잠잠해지자 할머니들 비껴 마주앉은 젊은 커플에게로 시선이 옮겨 앉았다. 여행 가방을 무릎 앞에 둔 총각의 얼굴을 어루만지는 아가씨의 모습을 보고 한마디씩 했다.

아이고 더러버라
저렇키 조으까 눈꼽 다 띠주고 볼테기 쓸고 귀 만지고 하긴 남자가 잘생겼다아

키도 크고 여자보다 어리비잖애
요새 세상은 여자가 저래 더 설친다카이
아가씨 듣는다 살살 해라

짧은 뽀글이 파마머리에 여장부 같은 주황색 점퍼할머니와 웃을 때마다 주름이 자글한 빨간 윗옷 할머니가 중계하듯 경쟁하듯 말하자 고동색 모자를 쓴 말수 적은 할머니는 말리다가 빙그레 웃고 만다. 미소가 깊다.

그러거나 말거나 긴 머리에 핫팬츠 경쾌한 복장의 아가씨는 남자친구를 어루만지던 손길을 멈추지 않았고, 역시 반바지에 간편한 차림의 총각은 몸을 내맡긴 채 아가씨 무릎에서 흐느적거리다가 드디어 쭉쭉 소리가 나게 뽀뽀를 해댔다.

저 저 저런
하이구야 말세다 말세!

누구 먼저랄 것 없이 할머니들이 기겁을 했다. 열차가 멈추자 남자 친구를 쓰다듬던 아가씨가 발딱 일어서서 총각을 따라 나가며, 세 할머니를 향해 야무지게 내지르는 한마디.

할매들, 지금이 조선시댄 줄 아는교?
21세기 아침이다 아인교

참새처럼 쫑알거리던 아가씨는 쌩하니 사라졌다. 세 할머니들 생각지도 않게 한 방 먹은 듯 멍하니 닫히는 문을 바라보는 모양이 닭 쫓던 개 같다.

보물

벚나무가 꽃불을 켜는 햇살 따스한 봄날 아침이었어요. 우리 골목에 손잡이가 달린 빨간 나팔을 든 아저씨가 나타났어요. 한 손으로 리어카를 밀고 다른 손으론 나팔을 입에 대고 "고무이."라고 하는 거예요. 검정색이 희끗해진 낡은 통 넓은 바지에 헐렁한 회색 점퍼를 입고 챙이 큰, 흰 모자를 쓴 아저씨는 아마도 배가 고픈가 봐요. '고무이'라는 소리가 멀리서는 들리지도 않겠어요. 라디오 성우 목소리처럼 부드럽기는 했지만요. 가까이 다가오니 아저씨는 빼빼 마른데다가 바지통이 넓어서인지, 한쪽 다리를 살짝 절뚝이느라 기우뚱해서인지 키가 더 작아 보였어요. 검게 그을린 볼은 홀쭉하지만 눈은 하회탈처럼 아래로 처져서 착해 보였지요. 그런데 도대체 '고무이'가 뭘까요?

주인집 아주머니와 옆집 할머니가 하는 이야기를 들으니 '고무이'

가 고물이라는 거예요. 헌 텔레비전이나 냉장고, 세탁기 같은 걸 거두러 다니는 모양인데 지난번에 트럭을 몰고 지나가던 아저씨와는 영 딴판이에요. 트럭아저씨의 스피커에서는 "헌 텔레비전이나 냉장고, 세탁기 삽니다!" 하는 소리가 골목을 쩌렁쩌렁 울렸거든요. 트럭아저씨는 소리를 녹음한 것 같았어요. 한 번 외치고 다음 소리가 나올 때까지의 시간이 일정한 것 같았는데 리어카 아저씨는 멋대로였어요. 열 발짝쯤 가다가 외치기도 하고 숨이 차면 훨씬 더 멀리 가서 소리를 내기도 하면서 멀어져 갔지요.

트럭아저씨는 우리 골목에 자주 온답니다. 지난번엔 우리 집 앞 전봇대 밑에서 누군가가 내놓은 컴퓨터를 가져가는 걸 봤어요. 트럭을 몰고 천천히 지나가다가 컴퓨터를 보더니 재빨리 뛰어내려 번쩍 안고 가던 아저씨는 키도 크고 힘도 세 보였어요. 공짜로 물건을 주웠으면 기분 좋게 웃을 만도 한데 아저씨는 무뚝뚝한 얼굴 그대로였지요.

해님이 구름 속을 들락날락 숨바꼭질하던 그저께도 빼빼아저씨는 빈 리어카였어요. 우리 집 유리창에 보슬비가 또르륵 빗방울을 굴리기 시작하는데 아저씨는 우산도 없이 건너편 집 앞에 놓아둔 사각 깡통을 들여다보고 있었지요. 그건 고물이 아니고 자리를 맡아둔, 물 채운 깡통인데 어쩌나 하고 걱정하고 있는데, 그 댁 아주머니가 "그건 가져가면 안 돼욧. 남의 차가 주차할까 봐 놔 둔 것이에요." 하고 소리를 질렀어요. 그러자 아저씨는 잘못을 저지르다 꾸중 듣는 초등학생처럼 연신 고개를 숙이며 달아나듯 가버렸지요. 그 모습을 보고 있으니 가슴 속에서 쏴아 하고 찬바람이 지나갔어요.

오늘 또 '고무이' 아저씨가 나타났어요. 처음 봤을 때나 그저께나 언제나 차림이 똑같은 아저씨도 이제 우리 골목 단골이 되려나 봐요. 우리 골목은 골목치고는 엄청 넓답니다. 동서로 길게 뻗어 있는데 양쪽 끝이 보이지 않을뿐더러 나도 아직 끝까지 가본 적이 없으니까요. 이렇게 쭉 이어지는 골목도 드물다고 엄마가 말했지요. 거기다가 상가와 사무실도 더러 있고 세무서와 공단이라는 나라 건물도 있어서 사람들이 제법 북적인답니다. 우리 집처럼 다세대 건물도 많아서 고물이 자주 나오나 봐요.

그런데 오늘도 아저씨의 리어카에는 아무것도 실려 있지 않았어요. "에게 저게 뭐람." 글쎄 쓸모없어 보이는 비닐조각 몇 장만 나풀대고 있기에, 우리 집에서 아저씨에게 드릴 것이 없나 하고 살펴봤지요. 무엇이든 드리고 싶은데 우리 집에는 두 개씩 있는 것이 없어요. 모두 하나씩이니 드리고 나면 또 사야 할 테니 엄마 아빠 주름이 늘까 봐 걱정이고요. 오빠가 자꾸 고장 난다고 투덜대는 컴퓨터라도 드리고 싶지만 꿀밤 세례가 겁나고…….

앗! 큰일 났어요. 리어카아저씨가 서쪽에서 "고무이." 하며 가까이 오고 있었는데 동쪽에서 트럭아저씨의 스피커 소리가 점점 크게 들리는 거예요. 2층인 우리 집에서 고개를 빼고 내려다보니 트럭에는 큼직한 냉장고 한 대가 떡 버티고 있어요. 트럭아저씨는 운이 좋은가 봐요. 내가 볼 때마다 무언가 실려 있었으니까요. 드디어 리어카아저씨와 트럭아저씨가 만났어요. 리어카아저씨는 겁에 질린 아이처럼 얼른 리어카를 한쪽으로 밀어붙였어요. 골목에 다른 차들이 양쪽으로 주차하고 있어서 그렇게 해도 트럭이 지나가기 힘드는지 멈칫거리자 빼빼아저씨가 리어카를 세로로 바짝 세우느라 팔을 뻗네요. 벽에 붙을 듯 가까이 다가서서 꼼짝 않고 있는 모습이 꼭 허수아비 같지 뭐예요. 트럭에서는 계속 "헌 텔레비전이나 냉장고 세탁기 삽니다!" 소리가 흘러나오고요.

트럭이 지나간 뒤에도 리어카아저씨는 허름한 리어카가 부끄러운 건지, 고물을 싣고 있는 트럭이 부러운 건지 그 자리에서 머뭇거리고 있는 거예요. 그래서 손에 든 빨간 나팔로 요술이라도 부렸으면 좋겠다 싶었어요. 나팔을 불어서 동네 아이들을 모조리 데려간 동화 속 이야기처럼, 아저씨도 빨간 나팔을 불어서 고물을 불러 모으면 얼마나 좋을까 하고 말이에요.

그때였어요. 이웃집 할머니가 헌 전기밥솥을 들고 나왔고 약속이라도 했는지 우리 주인집 아주머니도 세탁기를 주겠다고 하는 말이 들리지 뭐예요. 지난번에 빈 리어카를 끌고 가는 아저씨를 보며 딱하다는 듯이 혀를 끌끌 차며 "저래 가지고 밥 먹고 살겠나." 하시더니 드디어 세탁기를 바꾸기로 한 모양이에요. 멀어져 가는 트럭을 물끄러미 바라보며 힘없이 서 있던 아저씨의 얼굴에 환하게 웃음꽃이 피었어요. 연신 "고맙습니다!" 하고 외치는데 빨간 나팔을 쓰지 않고도 목소리가 훨씬 더 커진 것 같았어요.

우리 주인집의 세탁기와 이웃집 할머니가 주신 밥솥을 싣고 우리 집에서 찾아낸 헌 전화기까지 실으니 리어카가 기우뚱했어요. 허름한 리어카를 보니 왠지 시골 할아버지 댁에 쓰지 않고 세워 둔 경운기와 바꿔주고 싶었어요. 아저씨는 '고무이'가 아닌 보물을 싣고 천천히 리어카를 끌며 떠나갔어요. 힘이 들어 얼굴은 벌게졌지만 아저씨가 그렇게 활짝 웃는 걸 보니 보물이 아니고 뭐겠어요.

"아줌마, 최고예요!"

눈길을 거두고 돌아서는 내게 볼우물이 고운 이층 아이가 건네는 말. 갑자기 골목이 환해졌다.

조각보

풍푼한 밥상 위에 살포시 덮여있는 조각보의 자태가 모시 올처럼 곱다.

'밀가루'로 만들면 국수이고 '밀가리'로 만들면 국시라고 운을 떼자 모두들 국수보다는 국시가 훨씬 정겹고 구수하고 어쩐지 진국 같다고 입을 모은다. 분칠한 여인과 민낯의 수더분한 시골 아낙의 조합 같다고나 할까. 뜨거운 여름날 새파란 배추나 애호박을 숭숭 썰어 넣고 삶은 국시 한 그릇은 끝없이 줄줄 흘러내리는 땀과 함께 더위를 날리기에 충분했다. '이열치열' 더디 끓는 뚝배기 같은 그 맛은 어린 나이에는 도저히 가늠할 수도, 이해되지도 않는 맛이었다. 밀가루와 콩가루를 적당한 비율로 섞어 반죽을 한 동그란 덩어리가 그렇게 요술을 부릴 줄이야. 거칠어진 어머니의 두 손 밑에서 거슬하던 덩어리가 치대고 또 주무르는 경건한 시간의 의식 속에서 윤이 나고 물오른 새색시처럼 새치름해졌다. 홍두깨가 가장자리를 누르며 점점 영토를 넓혀 가면 어느 새 챙 넓은 모자가 되었다가 봉우리마저 허물어지면서 도톰한 피자 판 같이 되었다가 홍두깨에 둘러

싸여 몇 번 구르기를 하고 나면 어느새 넓은 치마폭처럼 활짝 펼쳐지는 모습은 예술이었다. 밋밋한 것 같으면서도 깊은 맛이 넘치는 국시 한 그릇, 한 숟가락의 간장에 몸을 내어주는 넉넉한 품이 담백하고 듬직하며 말수 적은 친구 자야 같다. 오염되지 않은 계곡물 같이 변함없는 정을 주는 친구다.

안동 찜닭, 그것은 종합 선물보따리. 맵고 알싸한 청량고추와 버물어진 칼칼한 찜닭의 맛에 길들여지면 쉬이 그 맛을 잊지 못해 중독되기 일쑤라고 한다. 토막 낸 닭고기 속에 골고루 양념이 배여 삼삼하고 쫄깃해진 고기와 당면, 잘 익은 감자가 각종 야채와 어우러져 이 맛 저 맛 골고루 느낄 수 있다. 각종 재료의 변화가 무쌍하고, 뜯어먹고 골라먹는 재미 또한 쏠쏠하다. 그래서 먹고 또 먹게 되나 보다. 한 가지 음식 안에 여러 가지 내용을 고루 갖춘 찜닭처럼 재주가 많아 여기저기 불려다니고 유머도 넘쳐 인기가 많은 숙이는, 영양가 많은 찜닭처럼 다양하고 화끈한 맛이 일품이다. 닭고기 중 가장 먹음직스러운 닭다리를 양보하는 아름다운 마음씨가 보름달 같다.

양반의 고장답게 독상에 소담하게 차려진 헛제삿밥은 이름 그대로 간소한 제사 밥상을 흉내낸 깔끔하고 담백한 음식이다. 하얀 두루마기에 갓까지 갖춘 선비 같은 밥상이라고 할까. 고춧가루와 마늘 같은 양념류와 향신료는 범접을 못하는 음식이다. 상어 돔배기와 고등어, 조기, 문어 등의 생선이 네모지게 가지런하고 몇 가지 전들도 얌전하게 앉아 있다. 각종 나물들이 정갈하게 젓가락을 기다리고 쌀밥과 국도 모두 유기로 된 제기에 음전

히 앉아 있으니 저절로 품위가 배어 나온다. 각자 따로따로 한 상씩 받아 가부좌를 틀고 앉으면 흩어진 매무새도 고치게 되고 거칠던 말씨마저 숨을 죽이게 된다. 풀꽃처럼 들꽃처럼 온유하고 얌전하며, 예의범절에 어긋나는 법이 없는 깔끔하고 단아한 친구, 순이 모습 같다.

오미자 물처럼 발그스름하게 색깔부터 고와서 눈이 먼저 나가고 새콤달콤한 맛에 손이 따라가는 안동식혜를 닮은 친구, 희야가 생각난다. 고슬한 고두밥과 납작납작 얍실얍실 네모나게 얌전하게 썬 무가 엿기름물에 복종하고 길들여져 나긋하고 상큼하기가 열아홉 소녀 같다. 베보자기 속에 넣은 고춧가루에서 받아낸 붉은 물은 새색시 볼에 물든 연지 같고 동동 떠오르는 찹쌀 밥알은 배시시 떠오르는 수줍은 미소 같다. 이것저것 과식을 하고 식탐을 낸 더부룩한 뱃속을 안동식혜가 나붓이 다스려줄지니, 누구와도 잘 어울리고 아픈 곳 슬픈 곳 상냥하게 위로도 잘하는 그녀는 상큼한 안동식혜가 아니고 무엇이랴. 슬기롭게 인고의 세월을 다스리며 복종과 화합, 동화의 미덕을 갖추지 않으면 결코 얻을 수 없는 그 맛. 고된 시집살이와 손자 손녀 키워주기까지 마다않는 친구와 잘 어우러지는 고향 맛이다.

푼푼한 밥상 위에 살포시 덮여있는 조각보의 자태가 모시 올처럼 곱다.

이명耳鳴

찌익-찍 찌익-찍. 바닥을 긁는 듯한 저 소리의 근원은 무엇일까. 규칙적인 것도 아니고 잊을 만하면 들리는 찌익-찍 찌익-찍 **북핵**北核. 쿵쾅대는 저 소리.

바람인가. 바람인가 보다. 바람이 일어선다. 어느 순간부터 세상에는 바람만 존재하는 듯 전깃줄이 윙윙 운다. 아니, 보일러가 돈다. 그도 아니면 냉장고 모터 소리인가. 소리를 잡기 위해 집안을 헤집지만 고요한 밤, 식구는 잠들었고 소리는 어디에도 없었다.

등을 붙이고 눕자 하루치 피로가 몰려왔다. 눈꺼풀이 저절로 감긴다. 꿈이런가. 바람이 귓속을 휘감는다. 들릴 듯 말 듯 은밀하던 소리가 점점 커진다. **성폭력**. 다시 벌떡 일어나 집안에 소리가 날만한 곳을 찾아 샅샅이 뒤졌지만 어디에도 비슷한 소리는 없다. 누웠다 일어나기를 수없이 반복하자 잠은 저만치 달아나 버리고 시시각각 예민한 촉수가 돋아난다.

●

수많은 도르래가 돌아간다. 하늘이 암갈색으로 물들고 두꺼운 구름이 몰려온다. 모래먼지가 입안에서 서걱거리고 숨이 턱턱 막힌다. 폭우에 들풀이 일어나듯, 어둠을 삼킨 검은 파도가 밀려온 듯 갑자기 강렬한 폭발음이 귀를 때린다. 고막이 찢어질 듯 거대한 소리에 화들짝 놀라 벌떡 일어섰다. **총기 난사.** 순간 거대한 소리는 숨어버리고 드러누우면 또다시 소리가 소리를 부르고 소리에 갇혀 누웠다 일어서기를 수없이 반복했다.

우주 저편에서 메아리치며 다가오는 지진 해일의 소리가 이럴까. 두려움에 휩싸인 순간 소스라치게 놀라고 말았다. 이럴 수가, 이 거대한 소리의 근원이 바로 귓속이라니! 7.9° **지진.** 몸이 산화하여 산산조각이 나버릴 듯 자지러졌다. 바닥이 흔들흔들 움직인다. 믿을 수가 없다. 귓속에서 이런 소리가 나다니. 저절로 비명이 터져 나와 귓바퀴를 움켜쥐고 이리 뒹굴 저리 뒹굴 몸부림을 쳤다. 어쩌면 좋으랴. 이 무슨 조화란 말인가.

온몸에 비늘이 돋고 고통스러운 전율이 등줄기를 가로지른다. 끝없는 넓이로 서 있는 벽 앞에서 벽이 흡수된다. 넓디넓던 세상이 대통 속처럼 좁아진 듯 귀가 먹먹하다. 귀머거리가 된 듯 아무 소리도 들리지 않는다. 대혼란 속에서 마음은 바람에 너덜거리는 헝겊조각, 머리는 깨질 듯 아파오고 잠자리는 난장판이다. **살인.**

수없이 병원 문을 두드렸다. 산뜻한 이유는 어디에서도 밝혀지지 않는다. 늙어가면서도 노화의 일종일 수 있다는 말은 인정하기가 싫은 이 아이러니. 일상의 소리를 듣고 생활하는 데 아무 문제가 없는데 노화라니. 이런 종류의 노화도 있다는 말인가. **이상 기후.** 바쁜 낮에는 자취 없이 사라졌다가 등을 붙이는 순간 찾아오는 불청객 때문에 밤이 두렵고 괴롭다. 소멸하든가 파괴하는 것 외엔 존재하는 것이 불가능할 것 같은 절망감마저 앞선다. 햇빛 따사한 계절이 다시 돌아올까.

층간 소음 문제로 다툼이 일어나고 급기야 사람이 상하는 일까지 일어나고 있다. **테러.** 참다 못해 인터폰을 들자 미안해서 어쩔 줄 모르는 윗집 아주머니에게 무슨 말을 보태랴. 터져 나오려던 말을 삼키고 만다. 형제를 키우다 보니 뛰어다니고 의자를 끌어당기며 장난치는 소리였나 보다. 예측할 수 없는 불협화음 사이에서 남자애들의 자지러지는 괴성까지 코러스를 넣는다.

이명耳鳴이 이명異鳴일까. 이명異鳴이 이명耳鳴일까. 이명의 고통으로 충혈된 눈 위로 아침이 밝아온다.

두꺼비

가벼운 적막을 감춘 오후 고개를 넘어가는 노을빛이 붉다. 세월과 함께 익어가는 노부부는 모서리가 깎인 조약돌, 서로의 어깨를 둥글게 쓰다듬고 있는 중이다. 공원 벤치에 앉은 할아버지는 휠체어에 앉은 할머니 손을 잡고 어린애 달래듯 하고, 할머니는 아기가 떼를 쓰듯 손을 뿌리치며 연신 도리질을 해댔다. 걷지 않으려는 할머니를 어떻게든 걸음 연습을 시키려는 할아버지의 입술이 회색빛이다. 의자가 되어주는 시간이 길어지며 어르고 달래도 뜻대로 되지 않는지 언성이 조금 높아졌다.

"할멈, 이러다간 앉은뱅이 되는 겨."

"어쩰 수 없지 뭐. 일어설 수가 없는 걸요."

"그러니께 내 손 잡고 기대라 하지 않소."

"에구, 영감은 무신 힘이 있다꼬……."

할아버지가 벌떡 일어섰다. 온 힘을 기울여 안간힘을 쓰면서 할머니를 안아 일으켜 세웠다. 하지만 할아버지도 쓰러질 듯 위태롭다. 할머니는 겨우 일어서기는 했지만 할아버지 손을 잡고 상체만 기울였을 뿐 발이 떼어지지 않는 모양이었다.

도무지 믿기지 않는 장면이 벌어졌다. 할아버지가 할머니를 도로 앉히고 신발을 벗기더니 할머니 두 발을 자신의 발등 위에 하나씩 얹었다. 봄꽃 향기가 발등 위에 방울진다. 그제야 할머니의 입이 벌어지고 미소가 피어오르더니 주름진 얼굴이 발그레하게 물들었다. 그렇게도 걷기 싫어하시던 할머니가 할아버지 손을 잡고 남편의 발등 위에 발을 포갠 채 한 발자국씩 천천히 할아버지를 따라 걷기 시작했다. 살얼음판 위를 걷듯 조심스럽게 쏠리던 할아버지의 걸음에도 급기야 화색이 돌고 얼굴이 벌겋게 상기되었다.

할아버지는 큰 키에 젊었을 적엔 체구가 당당했을 것 같고 할머니는 마른 몸피에 아담하고 단아한 호리병 같았다. 이제 박자가 척척 맞아졌다. 할아버지와 할머니가 빚어내는 발걸음 춤, 은빛 족적. 붉어진 귓불 곁으로 종다리가 날아다니고 가슴에는 진달래 꽃가지를 한 아름 안은 듯 할머니는 황홀하고 수줍은 처녀가 되었다. 급기야 나비가 춤을 추듯 춤으로 승화되어 날아가 버릴 것 같은 환상 속에서, 걸음이 늦어 남편의 발등 위에서 걸음마를 배우던 딸의 모습이 겹쳐졌다.

그림자처럼 어룽거리던 기억이 가을하늘처럼 쨍하게 다가왔다.

남편의 발등 위에서 걸음마를 넘어 왈츠까지 추던 딸의 어릴 적 모습이. 입술을 내밀고 코를 말아 올리다가 까르르까르르 웃던 웃음소리도 가까워졌다. 딸은 자주 남편의 발등을 기다렸고 걸음이 익숙해져서 꼬마숙녀가 될 때까지 발등 춤을 즐기던 모습이 노부부의 모습 위로 투영되었다.

떼 지어 헤엄치는 기억 속에서 저절로 미소가 번져 나오고, 딸이 자신을 닮아 걸음이 늦은 외손자를, 남편이 하던 방법대로 걸음마 시키던 모습까지 떠올라 주변은 활짝 핀 꽃밭이 되었다. 지나가던 사람들도 하나 둘 발걸음을 멈추고 노부부의 발걸음을 신기한 듯, 부러운 듯 바라보았다. 백일홍 깊은 뿌리가 바윗돌을 감은 듯 온몸을 발전시켜 나오는 전기같이 이제 두 노인은 무아지경이다. 행복에 닿게 하는 것은 작고도 작은 것. 고난을 뛰어넘는 마법의 벽이 뚫리자 위태로울 지경으로 가벼워진 모습이 한 쌍의 나비 같다 싶더니, 아니나 다를까.

"저를 어째!"

신이 난 할아버지의 뒷걸음질이 꼬이면서 기우뚱했다. 두 노인이 한꺼번에 휘청거릴 때, 마침 가까이에서 운동모를 쓰고 그 모습을 바라보던 아저씨가 황급히 두 손으로 할아버지의 등을 받쳤다. "아이구, 다행입니다. 멋지세요!" 하자, 할아버지는 겸연쩍어하며 다시 바로 섰다.

●

"누구신고 했디이 그 노인들이네."

"누군데?"

"와 우리 동네 슈퍼 앞집 안 있나. 아들이 사업한다꼬 저 노인들 사는 집까지 팔아가 돈 갖고 갔뿟잖아. 집을 비와조야 될 날짜는 다 됐고 할 수 없이 아들네 들어가야 되이, 걷지도 몬하믄 상전 같은 며느리 싫어 한다꼬 저래 할믄이 걸음 연습시킨다 안 카나."

"우짜꼬. 늘그막에 몸도 성치 않은데……."

"그케. 돈 가 갈 때 좋지 약효 떨어져봐라 쯧쯧."

발등 걸음 노부부가 가족을 지키는 듬직한 남자로 상징되는, 새끼를 등에 업은 두꺼비 같다는 생각에 빠져 있는 내 귀에, 옆 의자에 앉은 두 아주머니의 대화가 가슴을 치고 갔다.

맛

"아주머니, 덥지 않으세요? 덥지요? 에이, 코에 땀이 송글송글 맺혔네."

기차역 계단을 빠져나오는 내게 다가온 싱거운 사람.

"비싼 KTX를 타고 나오는 계단이 이렇게 더워서야 말이 되는가요?"

대답 없이 웃기만 하자 싱거운 맛이 다시 종용한다. 창문 없이 돔형으로 만들어 조금은 답답해 보이는 출입구가 도무지 마음에 들지 않는 모양이다. 저 사람은 다가올 겨울에는 어떤 생각을 하려나. 비가 오기라도 하면 고마워할 것인가. 각자의 원근법에 따라 달라질 맛 속에 잠긴다.

"창문을 내든 떠죽든 내가 알 바 아니지."

*싱거운 맛*이 대꾸 없는 밍밍한 맛에 질렸는지 건들건들 사라져 간다.

●

지팡이를 더듬으며 전동차 안으로 들어오는 사람, 눈이 불편함을 직감하고 자리로 안내했다. 자유롭지 못한 행동에 곁에 선 사람을 치면서 자리를 잡는다. 맹인임을 눈치채지 못한 뚱보 아주머니가 불편한 심기를 드러내며 눈을 흘긴다. 젊은 주제에 경로석까지 차지하니 얄미운 맛이라는 듯 입까지 삐죽인다. 당신들이 보는 세상보다 내가 듣는 세상이 더 아름답다는 듯 귀를 쫑긋 세운 맹인은 *안타까운 맛*이다.

멈춰 선 차창 너머에 대쪽 같은 사람이 서 있다. 알은체하기도 전에 옆 칸으로 뚜벅뚜벅 걸어간다. 이쪽은 보지 못한 모양이다. 꼿꼿이 세운 허리에 걸음걸이가 흐트러짐이 없다. 소신을 굽하지 않고 타협을 하지 않은 탓에 잘 가고 있던 탄탄대로 평생직장 그 길을 접어야 했던 사람, 조미료를 치지 않은 *칼칼한 맛*이다. 저런 사람이라면 신의도 목숨처럼 여기리라.

열린 창문 사이로 시간이 역행한다. 보편적인 생각에서 한참 비켜난 어떤 사람의 맛 속에 빠져 허우적거리는 중이다. 신의를 헌신짝처럼 내팽개치며 기만하는 어떤 사람이 내세우는 이유가 복중 더위보다 더 짜증스럽게 떠오른다. 코앞의 작은 이익을 위하여 잃게 될 소중한 것을 보지 못하는 사람의 맛은 *쓴맛을 더한 죽을 맛*이다.

오래 사귄 친구들 속에 앉아 있으면서도 속은 불에 덴 듯 화끈거리는 아픔이 가시지를 않는다. 쉽게 건힐 것 같지 않은 안개 속을 헤치고 점점 깊이 들어간다. 수많은 도르래가 돌아간다. 숨쉬기도 버겁다. 미안하다는 말 한마디만 들었어도, 기만에 기만을 더하지만 않았어도 사람에 대한 신뢰까지 거두지는 않았을 것을. 창 너머 능선이 부드럽게 누워 있다. 바라보는 것만으로도 자연과 하나가 된다. 보이지 않는 따뜻한 손이 다가와 쓰다듬어 준다. 친구들의 위안이 가슴을 열게 한다. *부드러운 맛*에 조금 더 자유스러워진다.

딸네 집 현관문을 열자 손자가 아장아장 걸어 나온다. 죽을 맛도 안개도 한순간에 날아가 버린다. 안겨오는 말랑한 살갗이 부드럽다. '무무루루' 아직 온전한 말이 되지 못하는 말들이 어떤 음악보다 감미롭다. 휘어지는 허리와 아픈 팔의 시큰거림도 업어주고 안아주는 동안은 무감각이다. 순진한 예쁜 눈망울에 미소까지 겹치면 기쁨이 넘친다. *살맛*이다.

'인생에 상처가 없으면 뭔 재미로 사나.'

매운맛이 끼어든다. 남의 생각까지 붙잡을 수 없으니 놓아주리라. 낯익으면서 낯선 소리 속에서 소리가 운다. 누군가를 비난할 때 마지막으로 나 자신을 용서해야 할 때 마음속으로 고통이 지나간다. 반갑지 않은 상황도 다 지나고 나면 좋은 경험이 되리니. 저기압 속에서 고기압 속으로 걸어 나오니 사소하고 작은 것들은 무의미해진다. *감칠맛*이 손짓한다.

봄날은 간다

내 말 쪼매 들어 보라꼬
남편이 치마 두른 여자만 보믄 힐끔거려 볼썽사나운데
버스 탔디이 그보다 더한 남자 또 있드라꼬
내 앞자리에 앉은 아저씨
아이고오
아저씨라 카기도 쪼매 민망스러븐기 할배에 더 가까븐데
그 남자는 여불떼기에 서 있는
이쁜 아지매를 얼매나 뚤버지게 보는지
지켜보는 눈이 있는 줄도 모르고
희미하던 눈이 반짝 생기를 찾디이
그 여자를 훌터 보느라꼬
고개가 아래 우로 바아를 마구 찧서싸코
그라디이 여자 손이라도 잡고 싶은지

고짜로 손이 나가뿌는데
통통하고 짜리몽텅한 손 여 저 검버섯이 피 가
세포가 죽은 나무 등걸맨치로 푸석하고
더븐 날씨에 긴 소매 검은 잠바는 왜 입었는 동
널찍한 등판 우에 주름진 굵은 모가지엔 땀이 배 나오고
턱이 잘 안 비는 둥시리한 얼굴은 열이 올라 벌겋고
머리 쨍배기엔 손바닥만 하게 탈모가 돼가
남은 머리카락 몇 올로 덮는다꼬 더펐는데
금방 모심기한 논바닥맨키로 훤해 가꼬
오히려 나 대머리요 광고하는 판이고
그르께네 젊어 보이고 시퍼서 머리카락을
새카마이 염색한 모양인데
반짝반짝카는 머리 밑하고 얼매나 대조적인 동
축 늘어진 육신은 뒤태도 맹 그래
펑퍼짐하게 주저앉아 세월 자국이 표띠가 나도 마이 나는데
서글픈 눈물맨치로
질척하고 끈적한 시선으로 여자를 계속 보이
여자가 어째 눈치를 안 채노
남자 쪽으로 고개를 홱 돌리께네
시껍하여 거다들이지 못한 시선을 쭈빗거리디이

창밖을 보는 척 능청을 떨더라꼬

그 모양이 딴전피우는 아 같아서

보고 있는 사람도 웃음이 나올라 카고

글타꼬 지 버릇 어디 가까

고단세 고개는 다시 고짜로 가뿌고

그 여자는 자시보믄 한 사십은 됐을 꺼 같은데

얼릉 보께네 마이 젊어 비고

굴따란 보석 박힌 머리삔으로 머리를 싹 틀어 올렀는데

목선이 기다랗고 하야이 세련됐드라꼬

얼굴도 달걀맨치로 갸름하이

쌍시불도 곱고

콧날은 오똑하지

열릴락 말락 도톰한 입술까지 절묘하이 억수로 이쁘고

파스텔 톤 무늬 있는 티샤쓰 우로 가심이 봉긋하이 솟았는데

가방을 비스드미 매가 끈이 가심 복판을 지나가이

더 섹시하고 풍만하게 비고

군살 없는 짤록한 허리 미테 쭉 뻗은 다리도 날씬한데다가

처지지 않은 탱탱한 히프가 흰 바지 속에서

얼매나 육감적이고 도발적이든 동

같은 여자 눈에도 꽃같이 그케 사랑시럽고 매력적인데

남자들은 오죽할라꼬

어예노

묘령의 여인이 고마 정류장에서 내려가뿌자

남자는 엉딩이까지 치켜들미 그케 육중한 몸이 흔들리민서도

고개를 꺾고 몸을 가지끈 틀면서 뒤돌아 보디이

버스가 앞으로 가뿌께네

벌건 얼굴이 실망해가 고개가 푹 꺾잇꼬

고다음 정류장에서 할매와 남자들은 올라오든 동 말든 동

보지도 안 하디이

난제 미니스커트 입은 아가씨가 올라오이

눈동자가 희번득 얼음 우에 팽이 돌듯 팽그르 희색이 역력한데

치마 찌래기가 코찌래기 만해 가꼬 빤스 다 빌라카이

아이고 남사 시러버라

곽중에 차안이 술렁술렁 남자들 마카다 희멀건 다리 볼라꼬 야단났는데

유독 그 남자는 침까지 마르는지

혀로 입술을 한바꾸 뺑 돌리미 꼼꼼하게 입술을 축이미

대놓고 침을 넘구는 모양을 더 보고 있자이

눈이 세구랍고 민망해가 창밖으로 눈을 돌리께네

신선갈비

정력추어탕
간판까지 식욕을 도두고
세월은 사람의 얼굴에 주름을 지우고
바위도 깨가 모래로 만들건만
풍화가 안 되는 사람 마음만은 이팔청춘
어옐 수가 없는 모양인 동
오감 중에 보는 즐거움을 젤로 칠 사람에
아마 저 남자도 쌍수 들고 환영할끼라는 생각이 들드라꼬
어째든동 목적지에 다 와가 버스 문을 나서는데
팔에 거머리가 철썩 붙는 거 같아 시껍하고 뒤돌아보이
바로 그 남자 손 인거 같아
악
소리지르이 무슨 일이냐꼬 남편이 흔들어 깨우이께네
그때사 꿈에서 깨가 정신이 확 들민서
남편도 어느덧 중늙이란 생각이 들고
가는 봄 한 번 더 붙잡아 볼라꼬
남의 여자만 보믄 기를 쓰는
그의 목마른 시선이 이해도 되고 측은키도 하고
봄~날~은~
간~다……

추임새

어머! 손자 사진인가 봐요.

(핸드폰을 열자 앞 화면에 방긋 웃고 있는 아기 사진이 뜬다.)

(금방 입이 귀에 걸린다.) 우리 손자 잘생겼지요? 한창 짝짜꿍 도리도리하는 것 보느라 살맛나요.

그렇구말구요. 두벌 자식 사랑은 비길 데가 없죠. 조그만 아기들도 '잘한다, 잘한다.' 하면 뭔가는 모르지만 다리를 주척이며 까르르 웃는 모습에 세상 시름 다 잊지요.

암요. 평소엔 무뚝뚝하던 할아버지까지 꼼지락대는 거 보려고 짝짜꿍짝짜꿍 곤지곤지를 달고 사는 걸요.

오! 왜 안 그렇겠어요.

아이구! 그뿐인 줄 아세요? 손자가 박수 치는 걸 좋아하고 자주 치니까 요즘은 월드컵 박수까지 가르친다고 '대에한 민국' 하는 것 보면 참 기가 차지요.

호호호. 본인 자식들 키울 때는 생활전선에서 허덕이느라 못 봤던 재미를 손자 사랑에 쏟아 붓기 마련이죠, 모두들. '대~한민국' 하면 2002년 월드컵 생각나요. '짜잔짜 짠짜' 외치며 우리 참 그때 박수 억수로 쳤지요. 아마 평생 쳤던 박수만큼 친 거 같아요.

그랬지요! 우리뿐인 줄 아능교. 작년에 모로코에 여행 가서 패스라는, 가죽염색으로 유명한 테러니를 보려고 시장을 지나가는데 참말 놀랐답니다. 우릴 보고 일본인인가 묻길래 대한민국이라고 했더니 곧바로 '짜잔짜 짠짜' 하면서 장단 맞춰 박수를 치는 거예요. 어찌나 감격스럽던지!

대단해요! 대한민국! 아프리카에 있는 사람들까지 그 박수를 알다니!

최고! 라며 엄지를 번쩍 치켜들었더니 구릿빛 건장한 아저씨도 어찌나 좋아하던지 일행들 입에서도 저절로 **얼쑤! 조오타!** 소리가 쏟아져 나오며 다 같이 '대에한민국'을 외치며 박수를 치는데 눈물까지 나오더라구요.

그랬군요! 우리가 또 판소리 민족이니 '**얼씨구! 조오타! 지화자!**'로 장단도 잘 맞추지요. 사람의 기와 흥은 돋우기 나름이니까요.

그래요! 흥 돋우기 좋아하는 우리니까 요즘 인터넷 카페에서 댓글 달기도 타인에 대한 배려이고 인정이며 흥 돋우기라고 많이 권장하더군요.

그러게요! 올린 글에 아무 대꾸가 없으면 소통이 안 되는 것 같아 흥미를 잃기 쉽죠.

(착륙한다는 안내 방송에 이어 비행기가 서서히 고도를 낮추며 아제르바이잔 공항에 도착하자 차르륵 박수가 쏟아졌다.)

야! 우리도 이제 저절로 따라서 박수를 치게 되네요. 박수 소리가 바닷물에 씻긴 조약돌 구르는 소리같이 경쾌해요, 박수치는 저 사람들 표정 좀 보세요. 모두들 칭찬 잘하는 아이들 얼굴 같죠?

맞아요! 며칠 전 러시아 공항에서 박수가 터져 나왔을 땐 살짝 당황해서 얼른 따라 치지 못했었는데……. 다 같이 박수 치니 비행기 안이 마치 축제장 같아요.

그래요. 이렇게 좋을 수가! 박수를 따라 쳐보니 내 마음까지 즐거워집니다. 남의 기를 돋우니 나 자신까지 생기 돌고 이거 일석이조인데요.

옳소! 비행기 도착 시 박수치는 것같이 좋은 건 우리도 따라했으면 좋겠어요. **'잘했다. 잘 왔다. 무사히 도착해서 기쁘다.'** 안도의 기쁨에 칭찬까지 얹었으니. 칭찬은 고래도 춤추게 한다는데 기장과 승무원들도 뿌듯할 거구요. 그러고 보니 이쪽 사람들 다른 사람 칭찬에도 익숙할 거 같아요.

그렇겠죠?

여인 3: 와우! 판소리에만 추임새가 있는 게 아니라니까요. 두

분 이야기 듣고 있으니 박수도 칭찬도 모두 추임새였네요.

여인 2: 어? 안 주무셨어요?

여인 3: 아! 자다가 깨서 워낙 재미있게 얘기하시니 듣고 있었죠. 그런데 두 분도 계속 추임새 넣고 계셨던 거 아시나요?

여인 1, 2: 예? 우리가요?

여인 3: 네! 추임새 여러 가지 나왔지요. 추임새 넣으면 누구라도 통통 튀어 오르고 엔도르핀, 도파민 막 솟아나구요. 소통이 잘 되는 곳엔 추임새가 한몫 한다지요. 대화에서 추임새는 배려이고 칭찬이고 공감이라는 강의를 들은 적 있는데 두 분이 어찌나 잘 맞던지 이야기에 제가 끼어들 틈이 없었답니다. 저는 여행도 추임새라고 봐요.

여인 1: 그럼! 그렇고 말고. 여행도 추임새란 말, 좋을시고!

여인 2: 아무렴! 우리도 또 다른 추임새 여행을 위해 그만 일어섭시다.

비행기 안. 의자배열 가로줄 3, 4, 3좌석 중 나란히 앉은 3명 여인들의 대화였다.

유인孺人 김해 김씨金海 金氏

두 사람이 지나다니기에도 벅찬 좁다란 비탈길을 올랐다. 개발이라는 이름이 비켜간 곳. 도시 전체가 내려다보이는 언덕 위에 자리한 묘지마을에서 작은 비석을 만났다.

'孺人 金海 金氏' 귀퉁이가 온전치 않은 작은 비석의 주인이 여인임을, 김해 김씨라는 것 외에는 알 길 없다. 그 여인의 봉분 낮은 묘 앞에서 폐병으로 생을 마감한 숙이 엄마가 떠올랐다. 폐병의 징조가 홍조인 줄도 모르고, 자신이 피폐해져 허방을 딛는 줄도 모른 채 쓰러지는 날까지 희생만 했던 여인. 가세가 기울어 공동묘지에 묻혔다는 숙이 엄마도 김해 김씨였다.

원형 봉토분이 낮아질 대로 낮아진 묘지마을 김 씨 여인의 무덤은 묘지라고 하기에도 민망했다. 시멘트와 돌덩이 담이 야금야금 묘지옆구리를 침범했고 머리 위론 플라스틱 파이프 관과 전깃줄이 얼기설기 얽혀있다. 다른 옆구리 쪽으론 삐뚤삐뚤한 가르마 위에 질곡의 세월을 얹고서, 아픈 관절로 뒤뚱뒤뚱, 다리 질질 끌며 이어지는 시멘트 길이 오래전부터 자리한 듯 허름했다. 발쪽엔 비석만큼 공간을 두고 지붕 낮은 슬레이트 집이 자리하고 있으니 온전한 곳이라곤 없다. 원형의 묘지 형태를 잃은 지 오래다. 비석 위치로 보아 남향인 그녀의 자투리 집에 빛 꼬리가 비낀다. 곧 서녘으로 해가 기울면 서쪽 옆구리 건물의 해가 그녀의 집에 그림자를 드리우고 어둠이 내리리라. 푸릇한 평화의 어둠이.

숙이 엄마의 볼은 늘 발그스레했다. 다사로운 봄볕에 꽃잎 여는 복사꽃처럼 수줍은 연분홍 미소가 입가를 떠돌았고 말없이 다소곳한 자태는 세월가도 새색시 같았다. 촌부의 아내였지만 여느 아낙과 달리 행동거지와 자세가 우아하여 〈미인도〉에서 걸어 나온 여인처럼 기품이 흘렀다.

그녀는 몸을 아끼지 않았다. 여남은 살부터 젖먹이까지 터울 밭은 코흘리개들 건사하며 연로한 시부모 모시는 큰살림에 걸맞게 재바르고 바지런했다. 남편 뒷바라지며 시누이와 시동생까지 챙기느라 하루해가 빠듯했건만 가는 허리에 두른 무명 앞치마에선 햇빛을 머금은 비누 냄새가 정갈했다. 손끝은 야무지고 매워 음식솜씨 좋다는 칭찬이 따라다녔다. 된장과 김치 맛은 물론 젓갈단지에 장아찌까지 반질거리는 장독들이 마냥 돋보였다.

그러던 어느 날, 그녀가 지는 복사꽃보다 더 붉은 피를 토했다. 폭포수처럼 터져 나오는 기침에 이어 하얀 앞치마가 온통 붉은 꽃잎처럼 물들며 장독대에서 쓰러지고 말았다. 팔뚝 힘이 한창이던 남편이 달려와 부둥켜안고 울부짖었다.

'유인孺人 김해 김씨金海 金氏.' 한때는 그녀도 숙이 엄마처럼 단란했으리라. 아들 딸 재롱 보며 서방님 뒤치다꺼리와 시부모 공경에 허리에 두른 앞치마가 물 마를 날이 없던 때도 있었으리라. 그녀의 묘비 윗부분 양쪽 가장자리가 둥글게 다듬어졌고 비석 없는 수많은 무덤 중 다듬어진 비석이 있음으로 보아 그녀가 가족들의 애정 속에 있었음을 짐작게 한다. 그녀가 이곳으로 왔을 때는 이곳도 세상의 소리 비켜가는 고요한 산속의 바다가 보이는 양지바른 곳이었을 테니. 바다로 내려온 별들은 화려한 불꽃을 터트리며 향연에 푹 빠지고, 파도는 행복에 겨워 살랑살랑 춤을 추었을 곳. 한시름 내려놓고 고요한 초록에 물들었을 그녀. 그러나 이제는 변형되어버린 그녀의 유택이 안쓰럽다.

비탈진 오르막길 계단과 부실한 석축 담벼락은 위태하다. 죽은 자의 집 묘지 위에 산 자와 죽은 자의 집이 섞여 밀집된 묘지 마을은, 부산의 쓰리고 아픈 흔적이 아직까지 문신처럼 아로새겨져 오롯이 보존되고 있는 곳이다. 죽은 자의 공간까지 비집고 들어가야 했던 슬픔이 서린 곳. 한꺼번에 몰려와 갈 곳 없었던 피난민들의 판잣집이 들쭉날쭉 들어섰기 때문이었다. 처음엔 무덤 옆 공터에 조심스럽게 집을 앉혔을 곳. 피난민이 늘어나자 나중엔 무덤을 절개하여 아슬아슬하게 남겨둔 채 집을 짓는가 하면 담 안에 무덤을 두어 그대로 집 짓고 살기도 하는 곳. 눈앞의 생존을 위해선 무덤 따위는 문제가 되지도 않았을 사람들의 아픔이 아직도 골목에 넘실거린다. 거처를 마련하지 못한 피난민들은 등을 뉠 수 있는 한 뼘의 땅이라도 있다면 산비탈 공동묘지까지 마다할 수 없는 아픈 시절이었으므로.

삶과 죽음, 치열하게 살았던 사람들의 자취가 그대로 남아있는 곳. 방 한 칸 부엌 하나, 좁고 가난한 동네가 빛바랜 풍경화처럼 쓸쓸했다. 산 사람과 영혼이 함께 공존하는 공간, 이 시대의 아픔이 허리를 낮추고 시간의 강을 건너고 있었다. 기이한 마을 그녀의 묘비 앞에서 발걸음이 떨어지지 않아 서성이는데 동행들이 손짓을 했다.

돌아나오는 골목 버슬거리는 작은 밭머리의 복숭아나무 한 그루. 연탄재 더미와 돌담장에 끼여서도 혈관같이 뻗은 잔가지에서 서서히 피가 돌고 있다. 계절을 건너오며 싹 틔우고 꽃 피우려 애쓴 흔적이 역력하다. 잎보다 먼저 막 연분홍빛 꽃잎을 틔우는 복숭아나무가 김해 김씨 그녀의 모습으로 서 있었다.

제2부

김치를 담그다

그녀

농염한 꽃불이다. 활활 타오르는 불꽃이다. 넘실대는 파도처럼 붉은 날개를 젖히고 비상하는 나비처럼 여섯 개의 수술이 세상을 향해 길게 손을 내민다. 긴 꽃술이 여인의 속눈썹처럼 슬픔을 둥글게 말아 올렸다. 가을 정원을 화려하게 물들이는 꽃무릇의 황홀한 꽃멀미. 어지럽다.

숲 속이 소란하다. 눈매 서늘한 여인의 아찔한 자태, 말을 걸면 곧 단물이 터질 것 같은 그녀가 물가를 내달리고 산야를 누비며 치맛자락 걷어붙이고 붉디붉은 맨몸으로 불길처럼 타올랐다. 신혼부부의 열정처럼 활활 탄다. 꽃씨 불씨 타오르도록 땀방울 흥건히 묻은 속살까지 내놓고 온통 자신을 태운다. 정교한 왕관을 머리에 인 채 꼿꼿하게 서서.

빳빳한 절벽. 시루의 콩나물처럼 발끝에 잔뜩 힘을 주고 선 그녀, 위태롭게 간당거리는 저 몸짓, 허리 곧추세우고 세상에 이보다 더 화려하고 절절한 유혹이 또 있을까. 산다는 건 쌓이는 그리움을 닦아내기, 세월과 함께 익어가는 일. 빳빳이 세운 뜨겁고 매끄러운 긴 목울대 아픈 상처 숨기고 흔들리지만 쉬이 부러지지 않는 그녀.

물 위에 꽃 그림자를 드리우고 그녀 물속을 들여다본다. 꽃 파도가 곤두박질치며 그녀가 발을 씻는다. 따라왔을 발목이 푸르다, 슬픔이라는 단어를 온몸으로 숨긴 채 그믐밤 같은 침묵으로 꽃이 되어버린 그녀, 수심에 젖은 가슴 눈물 마를 날 없어 속눈썹 둥글게 말아 올리고, 솜털처럼 돋아나는 눅눅한 우울을 물속으로 벗어 던진다. 배시시 입술 열고, 벗어나고자 떠나고자 하는 발돋움으로 힘을 얻는다. 다시 하늘하늘 꽃술이 여닫히는 우수의 여인. 다가가면 솔가지 냄새가 날 것 같다.

생명력이 강한 그녀, 메마른 땅에서도 잘 자란다. 알뿌리가 수없이 늘어나 번식력도 강하다. 쪼개 심어도 잘 자라 그렇게 지천으로 핀다. 돌담을 넘고 낙엽을 뚫고 등고선을 그리며 산을 오른다. 고혹적인 길, 정갈한 기도처럼 달리는 내내 홀쭉하게 잠깬 어린 시간 하나 생의 방명록에 몸 물오르는 소리, 갓 목욕을 끝낸 소녀의 피부처럼 말간 그녀.

잎이 있을 때는 꽃이 없고 꽃이 필 때는 잎이 없어 꽃과 잎이 한 번도 만난 일 없이 서로를 그리워하는 애처로운 꽃, 고독한 산책자. 여름까지 자취도 없던 것이 가을이 되면 불현듯 꽃대를 밀어 올려 붉디붉은 꽃을 무더기로 피우는 꽃. 여섯 조각 길게 찢어진 꽃잎이 서로 엉겨 우아한 붉은 왕관으로 사람들을 불러 모으는 손짓, 붉은 슬픔. 사랑하는 사람을 보고 싶을 때 볼 수 없는 괴로움은 얼마나 까마득한가.

붉은 꽃 바다의 물결. 꽃이 지고 난 후 돋아난 무성한 초록 잎이 겨울과 봄을 지나 여름이 오는 순간 모두 사라지고, 꽃을 피우기 위해 잎은 알뿌리의 부식토로 자신을 내주며 희생하는 꽃. 잃지 않으면 다시 얻을 수 없는 운명, 가을이 오면 초록색 꽃대가 땅속에서 불쑥 고개를 내밀고 꽃대는 우후죽순처럼 키가 커져 초가을에 붉은 꽃을 피운다. 잎은 살아가는 동안 자신보다는 나중에 자랄 꽃눈을 위하여 스스로 드러눕는다.

바람이 분다. 그녀의 얼굴이 떨린다. 붉은 꽃무릇의 혈관이 높아진 가을하늘처럼 맑아지고, 흙이 있는 곳마다 빈틈없이 돋아나 군락을 이루며 쪽빛 하늘 아래서 빛을 발한다. 나무 숫자보다 풀포기보다도 많다. 초록 비단에 붉은 실로 수를 놓은 듯 화려강산이다.

가을이 이렇게 화려할 줄이야. 가을은 결코 스러져가는 것들의 차지가 아니라는 사실을 몸으로 보여주며 계절의 이미지를 바꾸고 마는 꽃. 보름 피다 지고 말아 절정의 순간을 마주하기 쉽지 않은 꽃. 잊은 듯 생각나 찾아가면 너무 빠르거나 늦었다고 토라져 꽃 몸을 닫아버리기 일쑤인 꽃, 행복한 자를 더 행복하게 하고 고독한 자를 더욱 고독하게 하는 꽃무릇.

불공 드리러 절에 온 어여쁜 아가씨를 사모하다가 죽었다는 젊은 스님의 영혼을 달래주는 듯 스님의 무덤에서 선혈 낭자하게 붉은빛 토해내며 피어난 꽃, 결코 이루어질 수 없는 사랑을 몸으로 전하며 꽃과 잎이 아무리 기다려도 서로 만나지 못하는 슬픔과 고독이 짙게 배어있는 꽃. 살아서 퍼덕거리는 이승과 저승의 거리, 별리로 헌 가슴에 피멍이 든 슬픈 사연을 가슴에 품고, 기다림에 가슴 아팠던 임의 마음 받지 못한 후회에 법당을 기웃거린다. 바르르 그녀의 눈꺼풀이 떨리자 폭죽처럼 터지는 꽃밭에 스님이 화답하듯 나비 날아오른다.

어떤 슬픔이 이렇게 따뜻할 수 있을까. 슬픔과 슬픔이 만나 온기로 서로 부비고 기댈 때 슬픔도 따뜻해져 죽음 너머의 뜻, 태어난 뜻을, 살아있는 의미를 가두어둔 언어로는 감당하지 못해, 딱딱한 땅에 균열을 일으키고 불쑥 솟아 작은 우주를 이루며 몸으로 말하고 있는 꽃무릇. 젊은 스님의 영혼을 달래주는 아가씨, 그녀 같다. 누구를 그리워한다는 것은 슬픔이면서 또한 기쁨임을 온몸으로 말하는 그녀.

그대에게 가는 길

당신을 품고 싶습니다
나는 당신께 미미하지만
당신은 내게 뜨겁디뜨거운 존재

그 눈빛
마주할 준비조차 못 된 날
언뜻 그대의 그림자를 본 것도 같은데
날 선 가슴만 울렁이고 어둠 속으로 사라진 그대

은유의 모닥불 피워두면 그대, 다시 오려나

동트는 새벽 물안개로
봄 동산 노오란 양지꽃으로
폭우 속 거친 숨소리로
푸른 은하수 보송보송한 숨결로
흰 겨울 가지 끝 하얀 물방울로

●

날개 돋친 흰 나비 은하로 날아
곁을 주지 않는 그대 찾아
오늘도 헤매는 노을빛 그리움

어디에도 없는 그대, 어디에나 있을 그대
그대 위대한 이름, 창작

문학

난이요 학이요 청자연적이라.

온통 고고함뿐인 문학에 치열한 정신 한 스푼과 나만의 요리방법을 섞기 위해 길 위의 모든 것과 대화하기 시작했다.

나무와 바람과 풀꽃과 산 그림자 내려앉은 강물과, 윤슬과 노니는 바다와 구름과 낙엽, 그리고 근사한 사람들의 의식과 평범한 사람들의 일상과 마주하며 튕겨져 나올 영감과 마주하는 끝없는 싸움이었다. 하지만 언어를 도구로 삼아 세상의 질서 밖으로 진군할 수 있는 문학 속이 좋았다.

어릴 적 어쩌다 칭찬 받은 시구들이 교지에 매년 실리면서 내 문학의 발판이 되었고 안달하며 읽어온 책들이 자양분이 되어 문학소녀의 꿈이 영글어 갔다. 문자가 좋아서 한없이 빠져들면 어머니의 당부는 산 너머 뜬구름이기 일쑤였다. 마당에 널어놓은 곡식 멍석이 온 동네 닭들의 놀이터가 되고, 가마솥의 불길을 염려했건만 옆으로 번지고 번져 지붕까지 타올라도 책 속에만 빠져들면 정신을 놓고 무아경으로 빠져들었다. 책을 좋아하는 건 무죄였을까. 큰 꾸중 없이 책 좋아하는 아이의 에피소드로 남았으니.

순리로 접어든 접장의 길 위에서 하루도 글자와 만나지 않은 날이 없었고 씨름했고 노닐었고 메모광 소리까지 들었다. 수없이 쓰고 또 쓴 글자의 수는 지구를 이불로 덮는다 해도 가능하리라. 깎아 닳아진 연필과 버려진 펜과 볼펜들이 살아있다면 작은 동산이라도 이루었을 것이다. 할머니가 되었어도 문자사랑은 변함이 없다. 청소를 하다가도 글자 쓰인 조각이 나오면 만사 제치고 읽고 있고 어느 곳의 안내판 하나라도 그냥 지나치지 못한다.

명예퇴직 후 시와 수필의 저울질에서 수필로 기울어져 쓰기 시작한 지도 오래되었다. 등단을 하고도 치열하게 몰입하지 못하고 세월 보내며 겨우 한 권의 수필집을 묶었다. 그 후 《창작에세이》 쪽으로 관심을 가지며 비로소 글의 묘미를 알고 새로운 희열을 느끼며 마음 밭에 객토하고 글밭의 땅심을 돋우기 위해 한 번 더 등단의 형식을 거쳤다. 창작에 몰입하려고 애쓰지만 이미 굳어진 머리와 타성에 젖어 한 발 앞으로 나아가다가 뒤로 물러서기를 반복하며 다시 시를 기웃거리기도 했다. 창작의 밭에 씨를 뿌리고 의욕과 갈망의 염원만 키운 채 추수가 적어 애태우는 세월도 어느덧 다섯 손가락을 채운다.

그 시절은 무엇이든지 쓰기만 하면 작품이 되는 줄 알았고 당연히 스스럼없이 '작품'이라는 단어를 남용했었다. 글 한 편을 탄생시키기 위해 고심에 고심을 하고 있는 요즈음, 창작의 길이 얼마나 어려운지 절감하고 있다. 글 속의 길 위로 포개지는 또 하나의 길, 평론. 다른 사람의 글을 평하기보다 자신의 글을 보는 눈을 기르기 위해 평론 공부를 하며 문학이론서들에 관심을 가지고 평론으로 등단도 하였으나 여전히 창작은 쉬이 곁을 내주지 않는다.

그림

마음에 꼭 드는 고운 색깔의 크레용도 절약이 몸에 밴 시대였기에 마음대로 칠하지 못하고 아끼던 어린 시절은 지나가고, 고등학교에 입학하여 데생을 배우며 사물의 형체와 질감과 부피가 눈에 들어오기 시작했다. 스쳐 지나가던 물체를, 대상을 새로운 눈으로 관찰하게 되었고 비로소 계절마다 색을 달리하는 오묘한 자연과 사물들이 내게 응답을 했다.

그림을 그리며 알맞은 구도와 입체감과 공간감을 찾는 것이 재미있었고 화가가 되고 싶다는 꿈도 꾸었다. 작가도 되고 싶었고 화가도 되고 싶어 저울질로 즐거운 고민을 하던 꿈 많은 시절이었다. 내가 그린 그림들이 늘 앞자리로 불려나가 예시 작품이 되는 시절은 행복했다. 하지만 체계적으로 해볼 기회는 오지 않았고 그렇게 어른이 되었지만 마음속에서까지 포기가 되지는 않았다.

첫애가 입시를 맞았던 때, 다른 엄마들은 고3 뒷바라지로 정신없는데 애가 늦게 오니 오히려 시간이 있다며, 자식에게 열심히 하는 모습을 보여 본보기가 되어야 한다는 어쭙잖은 이유를 갖다 붙이며 유화물감을 손에 묻혀보기도 했다. 그러나 그것도 잠시였고, 일찍 시작했던 사군자도 왔다갔다 진득하지 못했고 창작의 묘미를 느낄 즈음 그림은 그럭저럭 생활 속에서 멀어져 갔으나 아주 보내진 못하고 가슴에 담았다.

사진

여행지에서 계속 카메라 셔터를 누르며 사진의 기본이라도 배워야겠다는 생각이 들었다. 사진은 그야말로 불쑥 문득 찾아온 그대였다. 사진은 보이는 대로 찍으면 되는 거라고, 구도나 제대로 잡으면 될 테니 기능면이나 알면 되겠다는 단순한 생각이 전부였다. 우연찮게 접어든 길에서 새로운 세계를 보게 되었다. 주변의 모든 것이 글의 소재가 되듯 모든 것이 사진의 재료, 그림의 재료이며 가슴에 들어오고 눈에 들어오는 것들을 거르고 선택하는 신기한 힘이 생기는 기쁨을 느꼈다.

제3의 눈이 뜨이기 시작한 것이다. '예술은 불온함에서 출발하여 기존의 제도나 관습의 테두리 속으로 녹아들지 못하고 미끄러지거나 튕겨져 나온 자들의 비명 같은 산물'이라던 어떤 이의 말에 동감을 보낸다. 빛의 변화를 의미하는 시간과 무수히 흩어져 있는 공간을 결합하며 사진의 묘미에 빠지게 되었다.

집중한 눈이 뿜어내는 광선으로 주변의 사물에서 빛이, 우주가 보이기 시작했다. 팔랑이는 나비의 떨림과 물결치며 흐르는 하얀 파도의 출렁임과 작은 꽃과 낡은 골목의 이야기와 구름과 바람과 여러 사물의 추상성, 그 모든 것들의 취사선택이 힘들지만 새로운 욕구로 즐거웠다. 가슴을 울리는, 마음을 담을 소재를 찾아 사물과 대화를 나누고 산과 들의 야생화와 눈을 맞추며 마음의 눈인 감성의 영역으로 세상을 보려고 노력했다. 수필과 시 속에서 그림을 그리워하며 평론을 했고 사물에게 구애하며 엎드리고 드러눕고 몸을 날려 사진을 찍으며 뇌리를 치는 깨달음. 같이 또 다른 하나의 길 바로 창작의 실체였다.

창작 앞에서 예술의 여러 분야는 닮아 있음을 느꼈다. 사람의 눈과 카메라의 눈의 차이에서 오는 입체감과 공간감을 생각하며 그림과 연관 짓고 사진에 담는 메시지를 한 겹 가리려 애쓰며 문학적 상상을 하게 된다. 창작, 그대를 만나 품고 만지는 일이 모든 예술의 공통점이라는 것을. 오늘도 애타게 찾아 헤매는 노을빛 그리움임을.

김치를 담그다

'쩍.' 배추의 단말마. 배추를 가르던 손이 멈칫한다. 칼날 아래 꽉 찬 속살이 환하다. 뽀얀 줄기 끝에 오글오글 노란 잎들이 아기손가락처럼 꼬물거린다.

자른 배추를 씻긴다. 갓난아기를 다루듯 연한 잎사귀가 부서지지 않도록 살살 달랜다. 손가락 사이사이를 문지르고 다리와 발가락까지 꼼꼼히 헹군다. 흐르는 수돗물에 샤워를 하듯 여러 번 헹구자 반짝반짝 빛이 난다. 속살이 달짝지근한 통배추는 어디에서 자라다가 우리 집까지 오게 되었을까. 어느 하늘 아래의 정겨운 바람과 따뜻한 대지의 숨결을 마셨을까.

부모님 보호 아래 곱게 자라다가 시집온 새댁처럼 뿌리가 뽑힐 때의 아픔 또한 다르지 않았으리. 옮겨 앉은 자리에 익숙해지기도 전에 살이 찢기는 해산의 고통을 맞이한 것 또한 크게 다르지 않을 터. 땅에서 한 번 뽑힐 때 까무러치고 속이 갈라질 때 두 번째 기절한 것까지도.

커다란 '다라'에 물을 받고 굵은 소금을 녹인다. 음식에 간을 맞추듯 조심조심 휘저어 간을 본다. 너무 짜지도 싱겁지도 않다. 배추가 세 번째 기절할 순간이다. 갈라놓은 배추를 소금물에 풍덩 넣었다가 한 잎씩 들춰가며 굵은 소금을 뿌린다.

소금물에 빠져서 재채기에 콧물까지 정신이 없는데 엎친 데 덮친 격으로 하얀 소금을 뒤집어쓰니 닿는 자리마다 속살이 따끔거린다. 시댁 식구들의 한마디 한마디가 소금을 뒤집어쓰듯 불편했던 새댁처럼. 소금이 들어앉은 켜켜이 퍼덕거리던 교만이 고개를 떨군다.

소금 세례를 마친 배추를 차곡차곡 쌓아두고 지그시 누른다. 원망과 불평이 함께 소금물 속에 잠긴다. 절인 배추는 하룻밤을 자고 나면 알맞게 숨이 죽을 것이다. 소금을 더 뒤집어쓰기 싫으면 욱하는 성질을 죽이고 외고집도 줄여야 하리. 외롭지 않으려면 옆지기와 살갑게 지내고 내 편도 만들어야 할 게다.

되직하게 쑨 찹쌀풀에 멸치액젓과 고춧가루를 함께 섞는다. 걸쭉한 빨간 옷이 마련되었다. 무채를 썰고 갈아놓은 마늘과 생강도 함께 섞어 준다. 바싹 마른 청각은 따뜻한 물에 불려 종종 썰고 싱싱한 보리새우로 옷맵시를 가다듬는다. 매실 진액으로 분단장도 한다. 보기 좋은 떡이 먹기도 좋은 법.

알맞게 숨죽은 배추를 말간 물에 헹구어 엎어 놓는다. 얌전히 엎드려 있어야 물기가 잘 빠진다. 네 번째 기절할 순간을 기다리며 약간의 체념도 배운다. 드디어 뽀얀 속살에 빨간 옷을 입힌다. 고명도 사이사이 배부르게 넣어준다. 빨간 양념이 고루 배지 않으면 김치가 제대로 맛을 낼 수 없으니 새 옷을 겸손하게 받아들여야 하리. 화목한 가정을 위하여!

개성마저 잃어버리면 고유의 맛이 사라질지니 이성의 눈을 말갛게 뜨고 감성을 다스리면서 정신을 바짝 차려야 한다. 정신 줄을 굳게 잡고. 짠 젓갈과 매운 고추 양념에 눈을 제대로 뜰 수가 없고 터지는 기침에 콧물까지 범벅이 되더라도.

양념이 골고루 밴 배추를 사각의 김치 통에 꼭꼭 눌러 담는다. 겉잎으로 치마를 두르듯 감싸 안은 자태가 얌전하다. 조급한 마음을 내려놓고 거짓 없이 진실된 마음으로 침묵에 익숙해지면 서서히 성숙해지리라. 자칫 게으름을 피우면 다된 밥에 코 빠뜨리는 격이 되리니 성실하게 기다리면 금상첨화일 터.

아버지는 신김치를 싫어하셨다. 가장의 영향인지 식구 모두 신김치를 꺼려 김치가 시어지면 어머니는 옆집으로 퍼 나르셨다. 아버지는 우리가 먹지 않는 걸 남에게 준다고 역정을 내시고 좋아하는 집에 보내는 건 누이 좋고 매부 좋은 일이라며 엷은 다툼을 벌이시던 어머니와 아버지의 모습이 어른거린다.

배추 한 쪽으로서는 감칠맛을 낼 수가 없다. 여러 쪽이 함께 손잡고 환경의 변화에도 부화뇌동하지 않고 김치냉장고에서 얌전히 기다린다면 숙성된 인격으로 완성되리라. 모두가 입맛 다실 김치로. 제맛을 내려면 배추는 다섯 번 죽어야 비로소 제대로 된 김치로 태어나는 법. 여러 번 기절했던 새댁도 잘 익은 김치처럼 서서히 동화되어 배추김치처럼 푹 익어 가리라. 우리네 인생처럼 시큼하게!

남북통일 그날이 오면

나는 지금 눈물 없이 우는 법을 배우는 중이다. 겨드랑이가 가려워 몸이 뒤틀린다. 몸속을 달리는 혈관들의 반란도 잠재우기 힘들다. 주인은 나의 존재를 잊은 건지 밀폐된 박스에 나를 처박은 채 몇 달째 방치하고 있다.

이슬에 젖은 풋풋한 흙과 풀냄새를 맡고 싶다. 아니, 자갈밭에라도 맨발을 묻고 싶은 심정이다. 파란 하늘이 보고 싶고 바람의 향기를 맡으며 흔들리고 싶다. 어느 집 창고인지 부엌인지 알 수 없는 이곳이 너무나 답답하다. 어서 빨리 이 고통을 이기고 땅속으로 파고들고 싶다. 사람들은 터져 나오는 내 신체의 일부를 '감자 싹'이라고 부른다.

작은 상처는 오래 기억하고 큰 은혜는 얼른 망각해 버리는 것이 사람인가. 여름의 초입부터 삶아먹고 지져먹고 볶아서 입맛을 돋우며 허기를 채우는 데 최고라더니 찬바람 불고 햇곡식 나왔다고 이리

냉대하다니. 운명이란 때로는 사소한 사건이나 우연한 만남에 의해 결정되는 미묘한 것이라는 생각이 든다. 많고 많은 사람 중에서 주인에게 선택된 나의 운명 말이다.

우리도 사랑을 원하고 좋은 사람에겐 모든 것을 아낌없이 주는 것을 행복의 으뜸으로 생각한다. 둥그런 씨앗 하나도 혼자 영글지 않았다는 것도 알고 있다. 땡볕과 바람과 달빛 몇 낱, 빗물과 벌·나비가 도와주었으며 거센 바람도 그냥 가지 않은 덕이다. 무엇보다 농부와의 인연은 고마웠으나 다시 맺은 인연이 문제가 되고 말았다.

아직은 밖으로 나갈 때가 아닌 것 같아 터져 나오려는 싹을 틀어쥐고 있자니 등줄기가 새파랗게 젖고 절망으로 파란 독이 오른다. '솔라닌', 우리가 내뿜는 독에 붙여진 이름이다. 세상에는 위협을 느낄 때 독을 뿜는 것이 어디 한둘인가. 굳이 우리에게만 이름까지 붙일 건 또 뭐란 말인가. 우리는 너무 억울하다. 그렇다고 아무때나 독을 피우는 건 아니다.

일찍 싹이 돋는 것 또한 우리의 뜻이 아니다. 빛에 오래 방치하거나 싹을 틔울 수밖에 없는 환경을 만들기 때문이 아닌가. 몸이 파랗게 변하고 싹이 나는 것도 우리 책임이 아니다. 보관을 잘못하는 인연을 만나 봄이 온 줄 알고 고개를 내밀기만 해도 복어와 맞먹는 독이라는 둥 식중독 증세나 면역력을 저하시키니 도려내 버리라고 수군거리는 사람들이 야속할 뿐이다.

●

씨앗 하나가 모든 것의 시작 아닌가. 종족을 퍼뜨리고 영역을 확장하려는 욕심이 누군들 없을까. 오직 자연의 순리에 동화할 뿐, 사람들을 해칠 생각은 조금도 없다. 사과 한 알쯤 우리와 같이 보관해 주는 재치만 있어도 이리 괴롭지 않고 욕도 먹지 않을 것을. 어찌 아무 이유 없이 이 일이 일어날까. 봄 오기 직전이 가장 춥다는데 어쩌다 틈새로 들어오는 바람이 그리 차지 않은 것을 보면 아직은 겨울의 시작쯤이 아닐까 싶은데 벌써부터 몸이 이리 근질거리니 이 노릇을 어찌할꼬.

어쩌랴. 사랑의 눈으로 보면 보이지 않는 것이 없다지 않은가. 비록 지금은 앞이 보이지 않고 욕을 먹을지언정 희망의 끈을 놓지 않고 기다려야 하리. 무너지는 것은 절벽 때문이 아니라 희망의 끈을 놓아버리기 때문일지니. 슬기롭게 참고 기다리면 길은 반드시 열릴 것이며 탓하기에 앞서 인내하고 용서하고 나면 내 마음은 편해지리라.

호기심에 자꾸 고개 내밀다가 웃자라 꺾어지기라도 하면 정말 봄이 와도 쓸모가 없어질지도 모른다. 사람들이 필요로 할 때까지 다시 나를 인정하는 그날이 올 때까지 감사하면서 기다리리라. 시련 속에서 속살은 더욱 깊어지리니.

곳감

옷을 벗었다. 호흡이 불규칙하고 맥박이 빨라진다. 알몸 위로 지난날이 출렁인다. 천둥과 장대비를 맨몸으로 견뎌낸, 유년의 기억들이 또렷이 남아있는 집과 이제 이별이다. 나 자신이 내게서 아주 멀리 떨어져 나가는 느낌이다. 무수히 많은 말을 몸으로 뱉으며 순순히 운명을 받아들일 수밖에 없다.

바람이 목덜미를 스친다. 짜릿하다. 간택이 끝나고 주홍빛으로 밀려나오는 속살을 드러내는 수모, 새댁이 된다는 건 여린 살갗이 찢기는 고통을 감내하는 것. 낯설게 다가오는 내 모습이 익숙해질 때까지 바람과 햇빛과 수시로 내통하리라. 이제 나의 시간은 바람과 햇빛이 좌우한다. 행복해지기 위해서는 그리 많은 시간이 필요하지 않을지도 모른다.

세찬 바람이 불어와 내 몸을 때린다. 발산하는 가을볕도 자못 눈부시다. 가느다란 신음 뒤에 가벼우나 날카로운 촉수들이 돋아난다.

온몸의 세포들을 깨우는 일은 혼자서는 감당하기 어렵다. 부드러운 미풍과 단물을 꿈꾸던 풋풋한 젊은 날의 꿈들은, 달콤한 또 다른 삶을 위해 과감히 버려야 한다. 세상의 이치를 깨치며 세월의 무게를 짊어지다 보면 두루뭉실한 아낙이 되리라. 그리고 적당히 그을린 결 고운 피부로 환생하리니.

가을이 익어가기를 기다린다. 등이 따뜻해져 갈수록 물기는 빠져나가고 모서리는 더욱 둥글어지리라. 내장까지 보일 것 같은 날씨 속에서 내 몸도 추억처럼 익어 간다. 오랜 시간 아픔을 묵묵히 감당해내면, 감칠맛과 향을 내던 할머니처럼 단아하고 깊은 맛을 낼 수 있으리라. 부드럽고 따뜻한 맛은 줄어들지만 굳은살이 깊어질수록 마침내 오묘한 단맛을 내며 삶이 완성되리라. 외로운 시간 자신과의 싸움만이 시련을 이겨낼 수 있다. 사람들의 부담스러운 눈빛에 가슴을 가리고 몸을 비틀어 보지만 구경꾼들의 시선은 끈적거린다.

이따금 어둠 속에 침잠하는 시간도 필요하다. 빈자리의 그늘만큼 눈 밑의 그림자도 짙어가고 사라지는 하루하루를 견디면 짜릿한 역전의 시간이 오리니. 긴장과 이완, 길들여진다는 것은 얼마나 힘든 일인가. 지나침은 모자람만 못하다는 중용의 도를 지키는 일은 쉽지 않은 일. 덜 마르면 쉽게 변하고 너무 마르면 질겨서 먹지 못하는 법. 그런가 하면 내 몸은 사람의 손이 닿으면 딱지 앉은 상흔처럼 색깔이 검게 바뀌고 만다.

감으로 한생을 살아내고 또 다른 삶을 이어가는 곶감의 생은 얼마나 혼곤한가. 인고의 세월이자 형벌 같은 기다림의 세월이기도 하다. 세상과 통하는 지혜를 배우는 나의 일생은 여자의 길. 한숨 같은 흰빛이 희미하게 피어오른다.

깎아 널어놓은 감이 따사로운 가을볕 아래 주홍빛 몸살을 앓고 있다.

어떤 놈은 무꾸 먹꼬 어떤 놈은 인삼 묵나

조거는 맨날 공주거치 꽤나 살살 부린다카이.

와 떨부나?

조거 말하는 거 봐라이. 그라마 떫지 니 가트마 괴한켔나. 니 내 돼 보라꼬 만날 시커머이 탄 냄비나부랭이나 빡빡 문땠싸코 걸레질이나 해봐라 팔 떨어질라카지.

나는 뭐 노는 줄만 아나?

하이고오, 그기 노는 거지 일하는 거가? 볼펜이나 붓 자루 살살 왔다갔다 운전하는 기 뭐 힘드노?

그런 말 말그라이. 니 힘 쪼매 쓰는 거 안다만 잠시잠깐이지만 나는 안 글테이. 어떨 땐 잠도 못 자민서 쓰고 또 써야 된다 아이가. 시도 때도 없이 일할 때도 인는데 니가 그칼 때는 짜증난다카이.

아구구우 엄살은. 니 솔직히 요새는 더 호시빵빵이다 아이가. 너거 일 우리도 반이나 안 해주나.

뭐, 뭐라카노?

뭐긴 뭐. 호랭이 담배 피던 코찔찔이 시절에사 학교서 몽당 연필자루 쥐고 꼭꼭 누질러 글씨 쓴다꼬 팔 쪼매 아팠것지만 콤퓨터 쓰고부터는 우리도 똑가치 안 하나?

와이카노. 학생 땐 필기하고 숙제하고 어른 돼가 근무할 때까지 필기구 운전만도 몇 십 년인 거 모르나? 너거사 요새 콤퓨터 쪼매 가치 한다 캐도 워디까지나 보조지 보조.

야야 카지 마라. 그카머 섭하지. 대봐라 손까락 다섯 개 쓰는 건 똑같제.

그기 아이지. 콤퓨터 쓴 지 울매나 됐따꼬 요새 쫌 안 하나. 그것두 콤퓨터 열고 닫고 귀찮다꼬 고마 아무 조우쪼가리에 갈기뿔 때도 수두룩벅뻑하다카이.

그 말 잘했따. 백께서는 핸드폰에 메모하고 메시지 카톡 답장 쓰고 그랄 때도 니캉내캉 똑까치 일 안 하나.

아이다카이 글자 쓸 때 빼고는 내가 터치하고 전화 받고 다 한다카이.

그래바짜 힘들게 들고 댕기다가 열고 다꼬 다아 내 모가치다카이. 설거지할 때도 내가 쑤세미로 싹싹 문질러 노면 니는 내 뒤에서 바추키나 하지. 손빨래할 때도 마찬가진 기라. 비비고 문댈 때 자바

주기나 하제. 또 물 바케쓰 들 때 생각나제? 나는 낑낑대는데 니는 요래요래 팔이나 얄랑거리제. 무거운 건 내가 다 들고 힘쓰는 칼질까지 다하이께 손목이 시큰대는 거 니 모르제? 힘쓰는 거 내 다 시키고 니는 꽤나 부리이 손목아지 배실배실 그게 뭐꼬? 그기 어른 손목이가 아아들 꺼지.

오냐 니 손목 굴따. 뭐 무수리라꼬 표띠 내나?

뭐라꼬? 무수리?

입은 삐뚜레져도 말은 올케 하라꼬 니 말대로 니는 더러븐데 소지하고 빨래 빨고 무거운 거 나르고 힘쓰는 거나 잘하잔나. 나는 붓과 연필 들고 글씨 쓰고 그림 그리고 가새로 오려서 맹글고 조각하고 바늘, 실로 수도 노코 카메라 사타까지 내가 다 누른다 아이가. 거다가 주인이 메모광인 거 모르나? 보거나 듣거나 새로운 거 신기한 거 있으믄 그냥 냅뚜지를 안코 날 불렀싸이 나는 완전이 예술적인 거만 한다 아이가. 예술!

아이구, 야들아 고마 싸와라. 너거 손들맨치로 발도 안 다르다카이. 왼잽이 어디가까? 힘주고 디디는 발짜국마다 나가는 기 왼발이요 계단에서 내려올 때 콱콱 디디는 거도 마찬가지 아이가. 힘쓰는 건 운제나 왼쪽이오, 살째기 뒤따라오는 건 오른쪽 발이라카이. 에릴 때부터 옥대차기 고무줄, 공차기, 등산까지 마카다 나가느니 왼발이었으니 왼쪽 무릎인들 우째 성켔냐고.

내 씩씨칸 왼발이 열브리한 초록이 물감 번지듯 하는 봄날, 폭신한 태양 아래 조잘대는 봄풀들과 눈 맞추미 부지런히 걷고 안 있었나. 풀들이 지 세상 만난 듯 으시대는 산 우에 올라 눈길을 돌리는 순간이었제. 갑째기 화살 마즌 겄치 왼쪽 무릎이 찌릿해가 비며이 지절로 나왔다아이가. 울매나 놀랬는동 바로 통증외꽈 안 갔드나. 기다란 침이 무르팍에 쑤욱 꼬칠 땐 기절하는 줄 알았다카이. 안 볼라꼬 캐도 묵직하이 다 느껴지드라카이. 나직한 비명 지르미 삐그덕그랬지만 그만하기 다행이제. 그래도 일찍이 잘 왔다고 우리 주인 의사한테 칭찬 안 드렀나. 그라민서 의사 카는 말이,

"지독한 왼잡이네요. 이렇게 양쪽이 많이 차이나는 경우는 드물지요. 무릎뼈 크기도 왼쪽이 크고 더 튼실하긴 하네요. 운동이 많이 되면 튼튼해지긴 하지만 아이러니하게도 많이 쓰면 탈은 먼저 나게 되지요. 팔 굵기도 차이가 많이 나고……. 한쪽만 자꾸 쓰면 균형이 깨지고 탈나니 이제부턴 왼쪽을 좀 더 아끼세요."

정치인들도 보수니 진보니, 좌편이니 우편이니 갈라져서 싸우니라 나라가 시끄러븐데 우리까지 싸와야 되겠나. 생각하미 이제 우리 왼쪽도 쪼매 핀해지겠다 미소가 나올라카는데, 병원 문 나서미 왼발이 또 먼저 계단을 쿡 디디뿌잖나.

"또 봐라. 의사가 카지 마라 안 캤나. 오른발 나뚜고 왼발, 니 왜 그카는데?"

생각할수록 억울해 미치겠든 왼손, 내가 고마 가지끈 소리 안 질렀뿟나.

“그래, 어떤 놈은 무꾸 먹꼬 어떤 놈은 인삼 묵나.”

폭주족

'검푸른 저 물체는 도대체 뭐지?' 왱왱 눈앞을 스치는 물체를 좇는 순간 아연실색했다. 그것은 통통하게 살이 오른 똥파리였다. 이 높은 곳, 방충망으로 무장한 아파트에 웬 똥파리란 말인가.

놈을 따라가며 곁에 있던 수건을 휘둘렀다. (*메롱메롱 약오르지?*) 놀리듯 요리조리 달아나는 꽁무니를 향해 있는 힘을 다해 긴 수건을 내리쳤건만 번번이 허탕을 쳤다. 애꿎은 물건들을 건드려 쏟아지고 깨지는 바람에 와장창 소리가 요란하고 먼지만 풀풀 날아올랐다. 약이 오른 심정은 이성과는 생판 다른 소리를 낸다. '오냐, 니가 이기나 내가 이기나 해보자.' 불빛을 받아 윤기가 자르르 흐르는 놈의 검푸른 날개는 영화 속, 고대의 건물 속에서 쏟아져 나오던 딱정벌레처럼 신비스러울 정도였다. 빛나는 광채는 징그럽고 더럽다는 선입견보다 아이러니하게도 푸른 보석처럼 아름답기기까지 했다.

다시 전열을 가다듬고 놈을 찾았다. 어디에 숨었는지 좀체 눈에 띄지 않는다. 으슥한 구석에서 하는 양을 지켜보며 작전을 세우고 있음이 틀림없으리라. 다시 면적이 넓은 옷가지를 찾아들고 바람을 일으켰다. 옷 끝이 언저리라도 스쳤는지 놈이 어느새 높이 날아올랐다. 잡으려고 겨냥하면 얄밉게 쏙쏙 피해 다니며 왱왱 거슬리는 날갯짓 소리를 내며 다시 괴롭히기 시작한다. 놈을 따라 침대 위로 뛰어올랐다가 바닥으로 펄쩍 뛰어내리기도 하며 빠르게 팔을 휘둘렀다. (*히힛 고 작은 키로 나를 잡겠다구?*) 뱅뱅 눈앞을 맴돌던 놈도 위협을 느꼈는지 아예 사람의 눈높이를 피해 천장으로 올라가버렸다. 휘두르는 옷을 피해 꽁무니에 불이라도 붙은 양, 종횡무진으로 누비는 모양이 푸른 하늘에 흰 줄만 남기며 쌩쌩 지나가는 제트기 같다.

전세는 이미 기울었다. 할 수 없이 창문을 열어젖혔다. 대적이 안 되는 놈 내쫓기 작전이다. 창문으로 몰아붙이려고 더욱 거세게 옷가지를 휘둘렀다. 한 발 물러서 주었건만 오히려 놈은, 봄이라지만 아직은 찬바람을 의식했는지 안으로만 파고들었다. '어라 이놈 봐라. 살 길도 마다하다니…….'

놈은 급기야 전등갓 속으로 몸을 숨기고 말았다. 신출귀몰하는 저 놈이 도대체 어디서, 어떻게 날아들었단 말인가?

낚시광인 남편이 전날 저녁 보따리를 꾸릴 때부터 마뜩잖았다. 이것저것 본인이 챙기긴 하지만 집을 들쑤시는 것하며 긴 낚싯대를 손질할 땐 긴 대 끝이 부엌까지 밀고 들어와 눈앞에서 왔다갔다 하니 마누라 먼저 잡겠다고 심술을 냈었다. 물고기를 잡아오면 비늘 치고 내장 빼느라고 싱크대에 밴 비린내가 또 보통이 아니었다. 여자처럼 깔끔하게 뒤처리가 안 되니 튀었던 고기비늘 한두 개는 늘 남겼다. 잡지 못한 날이면 기가 빠져 시무룩해지니 그것도 보기 좋지 않았다.

하지만 오늘은 월척 금빛 붕어를 여러 마리 잡았다고 떠들썩했다. 자를 가져와서 일일이 재보고 무척 기뻐하며 자랑하기에 두 손에 들게 하고 사진까지 찍어주었다. 응수를 해주며 축하를 해주었는데 조심하지 않고 똥파리까지 함께 가져왔을 거라고 단정 짓고 나니 부아가 치밀었다.

지난해 쓰다 남은 모기약을 찾았다. '한 방에 잡고야 말리라.' 회심의 미소를 지으며 통을 충분히 흔들어 놈이 숨은 전등갓을 향해 슈욱 분사하기 시작했다. 모기약이 분수처럼 뿌옇게 전등갓을 향해 날아가는가 싶더니 안개비처럼 머리 위로 내려앉았다. 알코올을 품은 독한 약 냄새에 진저리를 치며 한 발 비켜서서 적군을 향해 총을 쏘듯 다시 한 번 발사를 시도했다. 드디어 놈이 휘청거리며 날아올랐다. 곤두박질쳐주기를 기다렸건만 놈은 젖은 몸을 말리듯 한두 번

파닥거리다가 몸을 가누더니 열어둔 창문으로 황급히 빠져나갔다.

(잘먹고 잘살아라. 함께하면 어디가 덧나냐?)

의도대로 된, 하지만 허탈한 전쟁의 끝에서 쓴맛을 느끼고 있는데 아파트 옆 도로에서 굉음이 울렸다. 언제부터 들리고 있었는지 모를 오토바이 폭주족들의 요란한 굉음이. 똥파리처럼 종횡무진하는.

더디 피는 꽃

신열 돋은 자리마다 확 돋아나는 열꽃 같은 벚꽃, 만개한 봄이 환하다. 꽃길을 걷는 사람들의 머리칼에도 벚꽃 향이 묻어난다. 한날한시에 태어나도 제각각이라더니 벚나무도 예외가 아니다. 그중 한 그루, 아직도 꽃눈을 뜨지 못한 채 수줍은 듯 외로 꼬고 서 있다.

솜털이 보송한 붉은 뺨에 실핏줄이 비치는 말간 살갗을 가진 아기가 공원을 휘젓는다. 토실토실한 팔다리로 내닫는 걸음이 위태하다. 까르르 웃음이 멈추질 않더니 사람들이 무리지어 앉은 곳으로 다가간다. 할아버지와 할머니를 모시고 나온 가족인 듯 아저씨, 아주머니와 소녀도 같이 있다가 아기를 보고 반긴다.

처음 본 아저씨 무릎에 덥석 안긴 아기가 귀여운지 가족 모두가 안아보려고 팔을 벌리고 말을 건넨다. 아기는 이리저리 살피며 벙글벙글 벚꽃 웃음만 날릴 뿐 그대로 앉아있다. 아기 엄마가 다가가

자 양손에 먹을 것을 얻은 아기가 엄마에게 안긴다. 감사 인사를 시켜보지만 웃음 한번 흘리고 만다. 아기를 대신하여 엄마가 수줍게 인사를 건넨다.

“아기가 말을 안 하네. 몇 살이에요?”

아주머니의 물음에 네 살인데 말과 행동이 늦어 걱정이라고 얼굴을 붉힌다. 비슷한 또래의 아이들이 조잘대며 뛰어다니는데 반해 아기는 도무지 말을 하려 들지 않는다. 입 모양을 보고 따라하기를 기대하며 정확하게 발음하려고 애쓰는 어른들이 무색하게 시익 웃음 한번 날리고 만다. 눈만 마주치면 활짝 잘도 웃는데 말로 꽃피우기가 그렇게 망설여지는지 얼마나 곰삭혀 내놓으려는지.

수백 미터에 이어진 벚꽃 길에 무리지어 선 나무마다 환한 봄의 기척이 두런거린다. 그중 유독 꽃을 피우지 못하고 겨우 작은 꽃망울만 달고 있는 뒤늦은 한 그루. 말이 늦고 발달이 늦은 아이마냥 아직 풋내를 풍기고 있다. 같은 땅 위에 서서 그렇다고 그늘이 드리운 것도 아니건만, 저보다 덩치가 작은 아이들이 재재거리는 뒤에서 발화하지 않고 무던히 서 있기만 하는 아기처럼.

꽃망울이 팝콘처럼 가벼이 튕겨 활짝 핀 꽃잎들은 머리에 구름을 인 듯 화사하기 이를 데 없다. 햇빛을 받아 반짝이는 잔물결 같은 수많은 꽃, 환한 살아있음이다. 탱탱한 삶이 사람들에게 전염되어 걷는 동안은 깨소금 같은 시간이다. 봄이 와서 꽃이 피는 것이 아니라

꽃이 피어 봄이 왔다고 소곤거린다. 젖 먹던 힘까지 끌고 와 제 이름의 꽃을 피우며 꽃가루 흩날리는 나무들, 봄이 와도 눈뜨지 못하는 자를 위하여 함성처럼 깃발처럼 펄럭이는 꽃의 음성. 연이어 꽃잎 터지는 소리에 봄의 화사함이 가볍지 않고 따듯하여 시간이 겹으로 머물고 있다.

함께 줄지어 선 나무들이 시샘하듯 다투어 입을 모아 수다를 떨 때 뒤쳐진 나무는 왕따를 당하며 고개 숙이고 쓸쓸히 서 있다. 대화에 끼지 못하여 외롭고 슬픈 나무에게 햇살이 다독거린다. 지금은 뒤처져 놀림을 받고 왕따를 당하더라도 다른 나무의 꽃이 떨어지고 나면, 늦게 핀 꽃이 혼자 사랑을 독차지하여 모두가 부러워 할 거라고.

꽃그늘 아래 혼자 종종거리던 아기도 들리지 않는 소리의 교감에 입을 쫑긋거리며 영글지 못한 소리를 내뱉고 있다. 똑똑한 말이 되지 못하는 외손자의 목소리는 피로 회복제다. 길고 섬세하게 들여다보면 이 세상에는 반짝이지 않는 것이 없다. 시간이 조금 더 걸릴 뿐. 한때는 괴롭고 아파도 빨리 가는 것보다 꾸준히 가는 것이 더 중요하다. 변함없이 흔들림 없이 꾸준히 빛나는 것이 오래가는 법. 몸에다 수백, 수천 개의 전구를 켠 화사한 벚꽃 향기 속에 더디 피는 꽃이 여물어 가고 있다.

여정旅程

물의 기척에 발걸음이 빨라진다. 물의 시원始源, 그 속살이 보고 싶어 안달하는 마음을 조붓한 오르막길이 토닥인다. 퐁퐁퐁 세상에 태어남을 알리는 울음소리가 정적을 깨운다. 도도하게 출렁이는 바다, 물의 어머니를 생각하며 그 시작점 작은 옹달샘 앞에서 모두가 숙연해졌다.

맑고 밝은 물방울은 옹달샘에서 둥지를 떠나는 어린 새끼마냥 조심스럽게 첫발을 내디딘다. 새끼는 둥지를 떠나야 진정한 숲의 일원이 되듯이 옹달샘에서 갓 태어난 물은 해맑은 아기처럼 금세 깔깔대며 아래로 골짜기를 따라 흘러간다. 내 마음도 물을 따라 흐른다.

통통 튀어 오르며 흐르는 골짝 물은 한시도 가만히 있지 못하는 아이들 같다. 쉼 없이 재잘대고 뛰고 구르며 물놀이에 홀딱 빠져 생기발랄하다. 흐르는 물은 자갈을 굴리고 바위를 굴리며 주체하지 못하는 열정으로 힘차게 쏟아지며 급하게 뛰어내린다. 폭포다. 시원하게 쏟아지는 씩씩한 기상, 의욕이 앞서 물불을 가리지 않는다. 빠름을 얻으면 풍경의 유희는 잃게 되나 속도감에 취하여 곁을 돌아볼 겨를이 없는 청소년 같다.

어느새 물줄기는 벌판을 지나며 강둑에는 크고 작은 버드나무 사이로 물안개가 자욱하다. 광목 띠처럼 펼쳐진 강물은 은비늘처럼 반짝인다. 세상은 초록으로 눈부시고 강의 숨소리에 깨어난 억새의 흔들림이 여유롭다. 나무그늘과 바람소리 벗하며 고기를 살찌우고 들판의 곡식에게도 너른 품을 내어준다. 수많은 습지와 초원을 휘감아 돌며 몸피를 불려 산맥을 넘어온 새들도 보듬어 안고 모든 것을 넉넉히 받아주는 여인의 품. 할 일 많고 맡은 책임에 어깨가 무거운 장년의 모습을 닮았다.

한강 발원지 '검용소'를 찾았다. 일억 오천만 년 전 백악기에 형성된 석회암 동굴 소, 작아서 앙증맞기까지 한 그 시작점을. 야생화 만발한 금대봉과 대덕산 사이 비경의 계곡에 자리한 검용소. 푸른 물이끼는 신비함을 더하고, 갈수기에도 마르는 일 없이 힘찬 물솟음으로 한강 1300리를 흘러가는 우리 민족의 젖줄이요 생명의 근원지다.

새 생명이 태어나듯 물의 시원은 신비하다. TV에서 본 나일 강의 발원지는 더 특이했다. 세계에서 두 번째로 긴 나일 강이 역시 세계 두 번째 큰 우간다의 빅토리아 호수 바닥에서 시작되고 있었기 때문이다. 호수 바닥에서 솟아오르는 관계로 솟구치는 기운이 흐르는 물에 덮여 여러 겹의 동그라미를 그리던 그곳. 바닷 속이든 깊은 계곡의 옹달샘이든 감출 수 없는 용솟음은 누군가의 눈에 띄게 마련이다. 어떤 강의 시작도 처음은 미약하지만 끝은 한없이 창대해지는 물의 여정. 시원을 떠난 물은 다른 물과 어울려 물결 위에 빠르거나, 쉬엄쉬엄 또 다른 세월을 흘려보내고 그 물길을 따라 사람이 모이고 문명이 발달했다.

시간은 하늘에 뜬구름처럼 흘러 작은 물줄기가 계곡을 곤두박질치다 내를 이루고 강물 되어 바다에 이르렀다. 오래된 친구가 기다릴 것만 같은 바다. 노년이 되면 멀리 바람소리와 곁의 사람 소리에 귀 기울이며 물때를 읽는 노련한 어부처럼 물과 잘 어우러진다. 적당히 타협하면 포용하지 못할 것이 없고 한데 모인 물은 느리게 더욱 느리게 철썩인다. 흐르고 흐르면서 순환하는 물의 여정은 거울인 양 비춰주는 인생 여정 같다.

산

녹음에 취한 나무들이 비탈을 오른다. 방부제 하나 없는 말간 것들로 채워진 산. 복잡한 일상에서 벗어나 물소리 바람소리 들으며 흙을 밟으면 서서히 오감이 깨어난다. 산이 몸을 씻어준다. 풀 한 포기 나무 한 그루가 인사를 건넨다.

산은 말이 없다. 무수한 생명을 품고 묵묵히 제자리를 지킨다. 상냥하던 숲길이 점점 더 가파르고 거칠어 아스라이 높아질수록 산은 머리도 허리도 숙이게 만든다. 지나온 길보다 남은 길이 더 험할 것임을 몸으로 느낄 즈음 나무들도 허리를 꺾은 듯 키가 작아진다. 가까이 보이나 산은 언제나 보이는 것보다 멀리 있지만, 부지런히 한 발 한 발 걷다 보면 산의 정상에 오르기 마련이다. 묵묵히 한 마리 낙타가 된다.

전진할 것인가 정지할 것인가 흔들리는 그 순간 산이 돌아눕는다. 그러나 사람이 포기하지 않으면 산은 넉넉한 가슴을 내어준다.

빠름을 얻으면 풍경의 유희는 잃게 되고, 원시의 순수를 간직한 자연이 지친 마음에 위로를 건넬 때 마음은 몸보다 서둘러 정상에 닿는다. 산길을 걷다 보면 호기는 사라지고 한없이 겸손해진다. 산에서 인생을 배운다.

멀리 바람소리 듣고 가까이 산의 소리 듣는 등산길이지만 곁의 사람소리 듣는 것은 더욱 좋다. 동행이 있어 힘이 난다. 걸어온 길이 점점 흐릿해지고 남은 길이 날카로워지는 산을 향해 도전할 수 있는 것도 같이 걸어와 준 사람들이 있기 때문이다. 산처럼 강처럼 누구와 함께 산다는 것에 감사하게 된다.

마음을 열고 산을 바라보면 누구라도 문득 산이 된다. 바쁘게 살다보면 산이 나를 바라보지만 한가할 땐 비로소 내가 산을 바라본다.

산을 내려오니 집 안에도 말수 적은 산이 자리하고 있다.

제3부

웃는 틈

누름돌

화투 치는 아지매 어데 갓뿟노. 오뎅 사러 갓뿟나. 안 나오면 쳐들어 간대이. 엽저-언 여-얼 다앗냐앙. 참말로 꾸물대네. 어이구 참, 그림끼리 맞추는 기 그리 에롭나. 마 아무 끼나 내라.

쪼매 기다리라 안 카나. 재미로 하는데 뭐 그리 깝치쌌노. 꼭 퍼즐 맞추능 거 같구만 생각이라는 걸 해 봐야제. 니는 경력이 얼마고. 우리 초보하고 대나. 화투판 교장이 학생들 가르쳐 가미 해야제.

몬 살아. 저걸 내면 우짜노. 그거는 고돌이라꼬 점수 중에 제일 높은 거다 아이가. 그림 맞출 끼 없고 내삐리야 할 때는 '비, 풍, 초'를 내라 안 캤나. 그 세 가지가 제일 쓸모없는 기라. 자가 지금 고돌이 두 장 가따 놨는데 니가 낸 거 자가 가져가 뿌면 니 바가지 쓴다 아이가.

그라마 바꾸께.

그런 거 없다. 낙장불입이다. 쏟은 물은 몬 주워 담는다카이.

언간타. 친구끼리 그거도 안 되나.

인생이 다 그런 기다. 뭐하노. 안 치는 사람들 잘 모르는 자 좀 갈체 조라,

야 봐라. 참말로 암껏두 모르나 베. 목단 열 놔뚜고 알박인 고돌이 껍데기를 냈으이 우짜꼬. 고돌이 아니라도 껍데기는 중요한 기라.

껍데기가 중요하다꼬? 참말로 이상테이. 아무짝에도 쓸모없는 기 껍데기 같은데. 그게 뭐시 중요할꼬. 광이나 열, 띠 같은 화려하고 이쁜 알이 좋은 거 아이가.

니 아까 피박 썼제. 그게 이유가 뭐꼬. 피라고 부르는 껍데기를 여섯 장 모으는 기 기본인데 니는 아까 모지래서 삼백 원 줄 꺼 배로 육백 원 줬잖아. 쓸 데 없어 보이는 기 고스톱에서는 중요하이 대강하믄 안 된다카이. 그라고 '비, 풍, 초' 중에서도 열을 가장 먼저 내고 판 벌어지는 거 봐가미 청단이나 초단이 갈라졌으믄 쓰잘데기 없어진 띠를 내는 기라.

아이고 어려버라. 이거 고시공부 같대이. 머리 아파 내사 몬 하겠다. 치매 예방한다꼬 자꾸 하라카디 골치 아파 도로 치매되겠따.

아이쿠, 자 봐라. 단디 보고 남의 것도 살피민서 하라카이 또 싸뻤네. 하기사 똥을 쌌으이 쌀 거 쌌네. 거 한 무데기 싸놓으면 이웃 영감까지 뿔 다치는 기라.

●

이거 저거 남 꺼까지 살피고 점치다가 눈치 백단 되겠다. 그라고 싸긴 내가 쌌는데 이웃 영감 뿔 다친다는 건 또 뭔 소린고.

저거 싸놓은 거 가가는 사람한테 껍데기 한 장씩 바쳐야 하이 저 무데기 가져가믄 삼 점 이상 점수 나는 건 따 논 당상인기라.

쉿, 쉿. 전화 왔다. 너거들 입 꼭 다물고 있거래이.

자 봐라. 고상한 척하는 거 봐라. 화투장 착착 치는 소리 들릴까 봐 옆바아 가서 전화 받는다꼬 고생한다. 하기사 이거 내놓고 할 꺼는 아니제. 화투 치다 잡피 가는 사람들 수타 봤잖아.

그거야 노름으로 한께 그렇제. 판돈 무더기로 쌓아노코 눈 벌거가미 밤잠 안자고 죽기 살기로 한께. 그러다 재산 다 날리고 가족관계 깨지고 패가망신하는 사람들 이야기제.

우리사 삼대 구 년 만에 백 원짜리 왔다갔다 하는데 그기 뭐. 오락이지, 오락. 오락이 뭐 그케 숨길 꺼라고. 우리 동네 아줌마들은 날마다 하는 것 같던데. 남편 출근 시키고 아이들 학교갓 뿌만 집안 대충 치우고 모이서 점심해 먹어 가미 종일 치다가 남편 귀가 시간에 맞차 허둥지둥 돌아가는 기 일과라 카던데.

그런 아지매들도 있나. 그라마 할매, 할배, 아저씨들까지 온 나라가 화투판이네. 일본 사람들이 화투를 만들기는 잘 만들었는 갑따. 한국 사람들 정신 빼아 다른 거 생각 못하게 할라꼬 만들었다 카대. 은연중에 한국 사람들 일본 문화에 젖게 할라꼬 말이야.

화투 좀 친다꼬 일본 문화에 젖을 끼 뭐 있노. 우리 윷놀이도 재밌지만 그건 명절에나 놀다보이 평소에 놀기는 뭣하고 응원하느라 시끄러우이 살짜기 하기에는 좋아서 하는 거지. 혼자 패 뜨는 사람도 있고 둘이도 셋도 또 우리같이 사람 더 많으면 돌아가민서 빠지기도 하면 되니까 자꾸 하는 거 아이가.

아이쿠, 이야기하다 보이 나는 또 피 한 장 모지랜다.

니는 클 났다. 쓰리고니까 두 배, 자가 똑같은 거 석 장 갖고 있다가 나머지 한 장 나오자 뻑하며 내려놓았으이 네 배에, 피바가지까지 썼으이 여덟 배 줘야 한대이.

뭐라꼬 그런 것도 있나. 우리끼리도 싸움 나겠다. 우리나라 일본한테 빼앗깄던 거 이거하고 맥이 딱 맞네. 이거 순 날강도 아이가.

쓰잘때기 없을 거 같고 흔한 껍데기가 그래 중요하다이 누름돌 같네. 강바닥에 천지삐까리 널린 게 돌아이가. 납작한 그거 깻이파리 씀바구 같은 거 삭쿨 때 떠오르지 않게 꼭꼭 누를라카만 없으면 안 댕께. 내 이 판 끝나믄 깻잎 눌리로 가야 된다.

누름돌, 그거 딱 맞는 말이네. 피박, 쓰리고, 뻑 같은 걸로 팍 눌러가 숨도 못 쉬게 해놓코 우리나라 꿀꺽 삼킨 일본 놈들 생각난대이.

웃는 틈

틈이 웃고 있다. 갈라진 등뼈의 틈 사이로 몸을 움츠리며 빠져나가려고 애쓰는 사람들의 다양한 모습이 우스꽝스럽기도 하리라. 부피를 줄이기 위해 등에 맨 배낭을 벗거나, 처진 배를 힘껏 밀어 넣고도 몸을 옆으로 돌려야만 빠져나갈 수 있는 출입구. 아니, 돌 틈이다. 점잖게 지나다닐 그럴싸한 출입구는 아니다.

절벽에 기댄 큰 바위가 어찌 저리 절묘하게 쪼개졌을까. 옆으로 돌아가는 길이 있으나 재미 삼아 몸의 두께를 시험하며 지나가는 사람들의 얼굴엔 장난기와 웃음기가 가득하다. 천당 문이라는 돌 틈 너머가 궁금증을 자아내 마음이 바빠진다. 절벽 아래 자연이 차려준 성찬을 즐기며 자연의 소리에 화답하는 마음의 소리를 듣는다. 산은 머리도 허리도 숙이게 만들고 때론 허리띠까지 조이게 만들면서 반짝이는 햇빛 아래 무심히 누워있다. 산자락을 건너온 바람이 옷자락을 흔든다. 배었던 땀이 한꺼번에 씻겨나간다.

●

제법 살이 찐 여자아이가 그만 돌 틈에 끼어 버렸다. 그렇지 않아도 민망하고 부끄러워 속이 상할 텐데 같이 온 아이가 뚱뚱하다고 놀렸나 보다. 소리를 지르고 울고불고하다가 어머니의 도움으로 겨우 빠져 나왔으나 아예 바닥에 앉아 대성통곡한다. 분홍색 원피스가 흙투성이가 되고 하얀색 팬티가 보여도 아랑곳 하지 않고 발버둥까지 치며 운다. 어른들이 달래도 소용이 없다. 호기심으로 바위 틈을 지나려다 쉬 씻지 못할 마음의 틈이 생기고 말았다. 틈을 다스리지 못하는 아이들의 소란을 뒤로하고 발길을 돌렸다.

요즘은 어른이나 아이나 뚱뚱한 것을 금기시한다. 보기 좋은 정도인데도 뚱뚱하다며 살을 빼려는 사람들이 의외로 많다고 한다. 뚱뚱하고 날씬하고의 기준은 애매하다. 생각이 달라서 서로 부딪칠 때 한발 물러서서 다시 생각하거나 서로 다른 부분을 있는 그대로 이해한다면 생각의 그물에 걸리거나 틈이 벌어지지 않을 터인데.

완벽을 추구하는 사람에겐 틈이 치욕적일 수 있다. 남의 앞에 본인의 치부가 드러났다고 생각하면 기분이 언짢으리라. 벽에서 가구를 떼어 두면 가구의 부식을 막을 수 있듯이 틈을 배려하면 좋은 인연을 이어갈 수 있고 결과도 좋으리라. 남의 틈을 인정하는 것은 상대방의 고통을 머리가 아닌 가슴으로 보는 것이니 쉽지는 않음이다.

작은 틈의 안쪽에 서서 밖을 내다보면 시야가 넓고 크게 보여 신선하고 새롭게 보여 감동하기도 하나, 틈의 밖에서 한쪽 눈을 감고 안을 들여다보면 작고 은밀하고 미묘하여 어린이가 장난감을 얻은 양 재미가 있고 신비스럽기도 하다. 대개는 궁금증을 자아내 서로 들여다보려 머리를 디밀고 자꾸 보고 싶어 먼저 본 이도 눈을 뗄 생각을 하지않는다. 관심이 있는 것이라면 더욱 그러하다.

두 쪽으로 쪼개져 든든한 사다리처럼, 수문장처럼 의연하게 서 있는 바위를 돌아보고 또 돌아보다가 구멍 뚫린 나무 등걸에 발이 끼였다. 곁에 사람이 손을 내민다. 맞잡은 손엔 틈이 없다. 별 탈 없이 일행들 틈에 끼여 산을 내려온다. 말없이 세상을 굽어보는 산과 눈인사를 나누며.

벽과 벽 사이와 문과 문, 마룻장 사이, 사람과 사람 사이, 틈은 곳곳에 있다. 사랑에 실패하고 취직을 못해서 또는 다른 이유로 세상과의 틈을 거부하고 방에만 틀어박힌 사람이 있는가 하면 문틈으로만 바깥을 내다보며 집안에서 나오지 않는 할머니도 있었다. 열리지 않는 문 저편에서 자신을 세상에 내놓기 싫어하는 사람이 늘어가고 있다. 세상에게, 사람에게 상처받아 생긴 틈은 사람만이 약이다. 먼지에게 틈은 안식처가 되겠지만 사람에겐 불만과 좌절감을 안겨주는 불청객일 뿐.

절벽에 기대 선 큰 바위 사이 작은 틈을 남녀노소가 그냥 지나치지 않고 마구 배를 디밀어대니 절묘하게 갈라진 바위 틈이 박장대소를 하고 있었다.

섬

만삭이 된 바다, 넓디넓은 치마폭 벌린 바다가 해산한 섬. 물 위에 띄워놓은 소원 등처럼 동동 떠다니며 바다의 통통한 젖가슴을 빨고 있다. 섬은 가슴속 연분홍 물감을 풀어놓는다. 그들의 마음속 색이 깨어나 꿈틀댄다. 세상은 초록으로 빛나고 파도는 은비늘처럼 반짝인다.

넓은 바다의 표류자, 섬이 절경을 쏟아놓는다. 수많은 물방울들이 모여 푸른 바다 위에 맨얼굴의 신선한, 꾸미지 않은 날것의 풋풋함을 지닌 그들이 눈을 감고 깊은 숨을 내쉰다. 파도 소리 듣느라 발돋움하는 나무들, 태고의 바다에 생명이 움트는 술렁임에 귀 기울이며 수많은 생명 품고, 수시로 섬 밖을 기웃거리는 것들과, 흘러내리려는 것들을 끌어안고 끝내 고수하는 섬과 섬, 그네들의 거리가 아름답다.

삿된 욕망과 치졸한 이기심 버거운 번뇌도 그들과는 거리가 멀다.

혼자 있어서 외로운 것이 아니라 외로우면 외로울수록 기다림을 기다리고 그리움의 옷을 입기도 한다. 특별한 생명의 냄새를 지닌 그들. 물길을 허리에 두르고 바다가 들숨과 날숨으로 풀었다 놓아주는 동안 날마다 새로워진다. 섬은 몽환적인 바다에 살아있음을, 현실감을 선사하고 쓸쓸함을 밀어낸다.

작은 섬을 위하여 파도는 흰 거품을 내며 부서지고 일출과 운무와 탁 트인 전망으로 한 폭의 그림이 된다. 천년을 마주하고 있어도 좋을 미소 띠며 기력을 소진한 새들이 잠시 쉬어갈 넉넉한 품을 내어주는 섬, 따뜻한 온기로 가득한 기도문이다. 바다의 가슴에서 영원히 빛날 영롱한 별이다.

바람벽

'악.' 신음 소리, 참 낯이 익다. 시어머니와 어머니가 움직이다 자주 내뱉으시던 비명, 젊은 날 빛을 내던 시기에는 그 소리를 도저히 이해하지 못했다. 아픔을 지긋하게 누를 수는 없을까. 저렇게 경망스럽게 표현할까 싶었던 일이 생각나 얼굴이 붉어진다. 내 소리가 어머니와 시어머니의 그것보다 더욱 귀를 찢는 소리였으므로.

무릎이 반란을 일으켰다. 악 소리가 나도록 지독한 전율이 무릎을 통과했다. 도대체 무슨 일이 일어났는가. 바닥에 떨어진 물건을 줍기 위해, 쪼그리고 앉아 옆으로 게걸음을 쳤을 뿐인데. 아무 예고도 없이 고요하던 몸속이 순간적으로 이렇게 격하게 출렁이다니. 잠깐이었지만 전기라도 통한 것처럼 격렬했다.

양산이 뒤집어져 버렸다. 무슨 호기였을까. 세찬 바람 앞에서 몸을 낮추거나 방향을 틀거나 진작 양산을 접어버리면 끝났을 것을.

어쩌면 새로 산 양산을 시험해 보고 싶은 마음이 바탕에 깔려 있었는지도 모르겠다. 이웃나라 가게에서 가볍고 튼튼하다고 자랑자랑했으니 오냐 얼마나 센지 두고 보자라는 심사였을까.

바람에 요트의 돛처럼 부풀린 양산을 붙들고 날아갈 듯 끌려다녔다. 대를 거머쥔 두 손이 사정없이 휘둘리며 중심을 잡지 못하는 사이 양산을 떠받치는 살 하나가 구부러지고 말았다. 고난을 견디지 못하는 쇠붙이나 접을 생각을 하지 못한 자신이나 영 마뜩잖다. 구부러진 살을 달래며 뒤늦게 접으려고 안간힘을 써보지만 여전히 불룩하다. 천이 얇아 삼단으로 접으면 부피가 작아 날씬하던 게 제대로 접히지도 않는다. 구부러진 살을 펴보려고 조금 더 힘을 주어 눌렀더니 양산을 지탱하던 살 하나가 똑 부러지고 말았다. 손가락 사이에서 두 동강이 난 쇠붙이를 보고 가슴이 철렁 내려앉았다. 부러진 양산 살이 반란을 일으킨 다리를 닮은 것 같아서다.

우산과 양산을 제대로 고친다는 곳을 찾아갔다. 부러진 살을 감싼 실을 뜯고 중고품 부속을 잇대는 아저씨의 등이 솟아나온 양산 살처럼 구부정하다. 오랜 세월 저런 자세로 앉아 있었던 탓인지 본디 굽은 건지 알 수 없으나 고단한 세월이 얹혀 있다. 의사가 수술을 하듯 수리를 마쳤지만 제 조각이 아닌 다른 조각을 잇댔으니 어찌 처음과 같으랴. 한번 상처가 난 곳은 흉터를 남기고야 말았다.

뼈마디가 저리다고 자주 하소연하는 어머니 앞에서

"기계도 오래 쓰면 고장 나기 마련인데 팔십 년 넘게 썼으니 고장 나지 않겠소?"

그것도 농담이라고 아픈 말을 건넸으니 어머니 마음이 어떠하셨을까. 내색은 않았지만 행여 너무 오래 살았다는 회한에 빠지지는 않으셨을지.

한때의 푸름을 믿고 힘든 산행으로 수액을 탕진해 버린 결과 오히려 어머니나 시어머니보다 이른 시기에 무릎이 경고를 보낸 건 아닌지. 산을 오를 때 남보다 한 발 앞서고 내려올 때는 뛰다시피 했으니 경고장이 날아옴은 당연하지 않을까. 뼈가 시큰거린다고 자주 하소연을 하시던 어머니께 철없이 뱉었던 말이 생각만으로도 송구하다. 돌아가신 시어머니나 어머니께서 호들갑을 떠는 꼴을 보셨다면 뭐라고 하실까. 육체는 인간의 신전. 경배하며 정성껏 모셔야 함에도 휴일마다 산을 찾고 경쟁하듯 뽐내듯 뛰어다녔으니 어쩌면 당연한 결과인지도 모르겠다.

삐걱대며 떨고 있는 무릎이 주인을 원망하며 서로 쓰다듬다가 지쳐서 곪아버린 걸까. 뼛속 어딘가에서 불길한 모래바람이 일어나고 있다. 몸속의 흐름에 귀를 기울이지 않다가 강렬한 떨림 앞에서 갑자기 황망했다. 고장 난 양산처럼 헐거워진 이음새에 단단히 못질할 방법은 있을까? 구멍이 뚫려버린 바람벽 앞에서 건물 전체가 뒤늦게 풀이 죽어 숨을 죽인다.

●

나무 냄새

찾는 이 없는 숲은 깊은 겨울잠에 들어 있다. 여름 한 철의 영화는 추억으로 매달고 마지막 옷까지 모두 벗어버린 나무들. 가볍게 비워서 겨울에 내리는 눈을 떠안을 준비를 하였기에 가지가 부러지지 않았고, 꽃보다 숭고한 눈꽃을 피울 수 있었으리라. 아기를 어루만지듯 나무 냄새를 맡아 본다.

"나무는 냄새만큼 예쁠까요?"

어느 시각장애인의 말이 생각났다. 비우는 훈련만 잘 된다면 나무처럼 언제나 평화로울 수 있을 텐데.

나뭇가지에 쌓인 하얀 눈이 꽃송이처럼 탐스럽다. 작은 가지는 눈의 무게가 힘겨워 아래로 축 처졌다. 모든 걸 내어주고 남은 마지막 하늘 한 줌조차 내어주며 빈 몸으로 서 있다. 여름에 눈을 그리워하지 않고, 겨울에 여름을 아쉬워하지도 않는다.

눈 속에 떨어져 있는 열매를 주웠다. 저 큰 나무들도 이 작은 씨앗 하나에서 싹이 나서 하늘까지 자랐을 터. 줄기만 남은 나무들은 장삼 걸친 수도승이다. 침묵은 많은 말보다 진리에 더 가까이 닿아 있다고 했던가. 침묵하고 있는 의연한 나무의 삶에 어찌 평탄한 길만 있었으랴. 평생을 늘 한자리에 붙박이로 서서 비바람 눈보라 이겨내고 길이 막혀도 주저앉지 않는다. 눈과 귀를 열어야 보이는 자연 속에서 말없이 한세상 펼쳐놓은 채 욕심 없이 서 있다.

나무에 기대어 가만히 눈을 감아본다. 살 비비며 물오르는 소리 들리는 듯하다. 겨울이 씻겨가고 봄이 스친다. 천지를 안고 일렁이는 봄 햇살에 참새 혀 같은, 연두부 같은 잎이 돋아난다. 봄옷을 걸친 꼬마들의 행렬이 지나간다. 희망이 넘친다. 까르르 돋는 웃음에 잎들도 활짝 손바닥을 편다.

수나무가 입을 달싹이며 암나무에게 사랑의 노래를 부르자 가지 끝에 꽃이 피고 벌 나비가 날아온다. 눈부신 햇살은 더욱 뜨거워지고 주변을 에워싼 푸르른 녹음이 더욱 짙어간다. 그늘 아래 돗자리를 깔고 땀을 식히는 사람이 늘어간다. 물관은 물 긷기 바쁘고 뿌리는 땅을 향해 더욱 힘차게 발을 뻗는다.

소나기가 쏟아진다. 새끼 품는 암탉처럼 치마를 펼친 잎들이 열매를 덮어주느라 허둥댄다. 천둥 번개가 치고 세찬 바람에 잎이 찢어지고 가지가 부딪쳐 부러지며 한바탕 소란하다. 열매를 매단 줄기가 아래로 처지고 점점 더 살이 오른다. 푸르던 잎들이 울긋불긋 색을

낸다. 단풍잎 휘날리는 가을에 서 있다. 머리 위로 쏟아지는 노란 은행잎을 받는 여학생들의 함성이 높다. 오가는 사람들의 얼굴도 해바라기처럼 환하고 열매를 줍는 사람들의 웃음도 개수만큼 풍성하다.

"나무는 냄새만큼 예쁠까요?"

잠시 잠겼던 봄 생각에서 고개를 들자 하얀 눈을 쓰고 있는 눈앞의 나무가 백발을 머리에 인 어머니로 다가섰다. 나무처럼 모진 비바람에도 열매를 맺어 다 내어주고 끝내는 낙엽이 되어 거름이 된 뒤 함박눈꽃으로 피어나는 우리들의 어머니.

빈 나무 등걸을 안아본다. 온몸에 깊은 전류가 흐른다. 나무에 귀를 대보면 치유의 기운이 흐른다. 겨울 한낮의 햇살이 엄마 냄새처럼 포근하다.

이야기 주머니

"이야기할머니이~." 소리에 뒤를 돌아보면 어김없이 꼬마들이다. 고사리 손을 흔들며 방글방글 웃는 아이들을 보면 입이 귀에 걸리게 된다. 달려와 안기고 볼에 쪽 뽀뽀도 하고 하이파이브를 해대니 연예인 못지않은 대접이다. 안아줄 때 꽉 안기는 아이는 사랑을 많이 받고 있는 아이, 엉덩이를 뒤로 빼며 어색한 아이는 수줍음이 많거나 생활화 되지 않은 아이이다. 멀리서 구경하다가 뒤늦게 손을 내미는 아이는 낯가림이 심하거나 스킨십에 익숙하지 못했을 것이므로 미리 챙겨 주어야 한다.

몇 십 년 전 어릴 적에 들은 이야기 중에 아직도 선명하게 남아있는 것은 '도깨비 방망이'와 '파란 손 빨간 손'이야기다. 화장실에 가면 '빨간 손 줄까 파란 손 줄까.' 묻다가 빨간 손이 스윽 올라와 휴지 대신 해결해 준다는 무서운 이야기 때문에 한동안 화장실을 갈 수 없었다. 어른들은 이해 못할 지독한 공포심이었기에 학교 화장실에 가지 못하고 쉬는 시간 집까지 와서 볼일을 보다가 다음시간에 늦은 적이 한두 번이 아니었다. 반면 두드리기만 하면 무엇이든지 나온다는 도깨비 방망이는 가장 갖고 싶은 보물이었다. 착하게 행동하면 가질 수 있다는 이야기 덕분에 엇길로는 가지 않았는지도 모른다.

유치원과 어린이집 아이들에게 '빨간 부채 파란 부채' 이야기를 해주다가 빨간 손과 파란 손이 연관되어 피식 웃음이 나왔다. 지금 이야기를 듣고 있는 아이 중 누구라도 어린 시절의 내 마음 같을지도 몰라 더 정성껏 실감나게 이야기를 하게 된다. 앞서 이야기할머니 활동을 하고 있던 지인의 권유로 국학진흥원에서 운영하는 이야기할머니 공모에 지원을 했고 실습을 받으면서 22대 1의 경쟁률을 뚫고 합격이 되었다는 이야기를 들었다. 그렇게 뽑혔다니 더욱 제대로 해야겠다는 사명감이 생겼다. 벌써 3년째 활동을 하면서 몇 백 명의 어린이들을 만났고 일주일에 한 가지씩 새로운 이야기를 들려주고 있으니 그 이야기 가짓수도 상당하다.

어떤 이야기 도입부에서 "할머니 이야기는 어디서 나올까요?" 하고 물은 적이 있었다. 3~5세 아이들의 대답은 다양했다. 이야기 활동 때마다 들고 다니는 삽화가 든 빨간 가방을 가리키면서 "가방에서요." "입에서요." "머리에서요." "할머니 주머니에서요." 등. 그중에서도 가방과 옷에 달린 주머니라고 하는 대답에 폭소를 터트렸다. 꼬마들이 일주일 동안 한 가지 이야기를 완벽하게 외우려고 노심초

사하는 내 모습을 어찌 알까. 이야기는 그저 요술방망이를 두드리면 나오듯이 주머니나 입에서 술술 나오는 것으로 생각할 것이다. 지하철이나 버스를 타고 갈 땐 이야기를 외우기 안성맞춤인 시간이다. 특히 마주앉은 지하철에서 눈 둘 데가 없어 민망하거나 긴 침묵이 어색해 눈을 감고, 애꿎은 휴대폰을 만지지 않아도 되니 금상첨화다.

"그 글씨가 보이세요?" 하고 놀라워하는 아주머니나 할머니들을 만나면 "그럼요. 제가 쓴 거예요." 하면 "아이구, 눈이 좋으시네. 깨알 같은데…." 한다. 이야기를 쉽게 외우려고 A4 용지에 옮겨 쓴 종이를 가지고 다니며 슬쩍슬쩍 펴볼 때 가끔 들은 이야기다. 설거지를 하고 청소를 하며 빨래와 밥 짓기 등 집안일을 하면서도 머릿속에선 이야기가 떠나지 않을 때도 있었고 잠자리에 누워서도 생각하다보니 꿈속까지 따라온 적도 있었다. 노력하는 만큼 자신이 생겨 신나게 이야기를 할 수 있다.

배고픈 여우가 사냥을 나가 염소를 잡아먹으려 했지만 사냥개에게 쫓기고, 양을 잡으려다가 도리어 호수에 빠졌으며, 다 잡은 닭도 꾀를 내어 도망가 버리고 말의 앞발에 차여 크게 다친 여우가 절뚝이며 집으로 간다는 이야기를 한 적이 있다. 3세 어린이들은 "여우가 불쌍해요.", "우리 집에 먹을 거 많은데 나눠주고 싶어요."라며 이야기 들려주는 사람을 도리어 감동시켰다. 나쁜 여우니까 잘됐다는 고정관념에 젖은 어른들을 순수한 동심으로 오히려 가르친다.

“아이는 어른의 아버지”라고 하더니. 이렇게 순수하고 맑은 어린이들과 만나다 보면 생각지도 못한 대답으로 즐거워져 얻는 재미가 크다. 두 눈을 반짝이며 꼼짝하지 않고 집중하는 모습이 인형같이 예쁘고 귀여워서, 그들의 언어가 아름다워서, 힘든 줄을 모르고 즐겁게 이야기를 하게 된다.

살면서 불리는 호칭은 아주 다양하다 삼십 년 가까이 선생님으로 불리다가 명퇴 후엔 ○○회장, 부회장, 이사, 원장, 위원장, 아주머니 등 수없이 많지만 그중 가장 푸근한 이름은 이야기할머니이다. 서로 바라는 것 없이 사랑을 주고받는 사이이므로. 이야기를 통해서 기죽은 아이에게는 용기를 불어넣고, 슬픔에 빠진 아이에게는 마음을 다독이고 꿈을 심어 줄 수 있다. 이야기는 약도 되고 매도 된다. 힘과 용기를 불어넣어 주는 이야기가 약이라면 잘못을 깨닫게 하는 이야기는 매가 되기 때문이다. 그저 한바탕 웃고 즐기는 이야기는 군것질거리쯤 되겠지. 그러려면 이야기를 완전히 외우고 자신의 것으로 만들어야 한다. 이해타산 없는 아름다운 사랑을 위하여 오늘도 이야기 주머니를 부지런히 채우고 있는 중이다.

다 와갑니다

온전한 자연을 만나려면 산으로 가라고 한 이가 누구였던가. 아침 일찍 길을 나섰다. 지리와 냄새에 익숙해지기 위해 달팽이처럼 촉수를 세우고 산을 오른다. 아침을 열어주는 술렁거림에 마음이 들뜨고 내딛는 보폭에 힘이 실린다. 등산 인구가 늘어 사철 산을 찾지만 가을산은 사람들을 온몸으로 부른다.

가을로 물든 숲 속의 시원하고 상쾌한 공기가 들뜬 마음을 안정시킨다. 숲의 흔들림이 마음의 주파수와 만나 육체의 에너지와 마음의 에너지가 하나된다. 아침 햇살에 제 모습을 드러내는 산, 숲이 가장 황홀한 시간이다, 우리 눈이 호사를 누리는 계절, 가을의 시간을 따라 빨강 노랑 파랑 색깔이 내는 서로 다른 파장이 다양한 에너지를 내뿜는다.

복잡한 일상을 벗어나 재충전의 기회를 얻기 좋은 산. 마음이 맞는 사람들과 살가운 눈길을 주고받으며 걷노라면 어느새 근심 걱정은 사라지고 각양각색의 나무와 풀잎을 보며 같은 길을 가는 즐거움에 함박웃음을 짓고 카메라의 셔터를 누르게 된다. 즐거움은 이렇게 단순하지 않던가. 좋은 쪽으로 밝은 쪽으로 엮어 가면 그 즐거움이 삶에 고스란히 녹아든다.

산과 산을 잇는 능선들의 그림 같은 풍경, 산속 깊이 들어갈수록 산세가 수려하다. 햇살을 받은 농밀한 붉은빛과 샛노란 잎들이 하늘거리며 자태를 뽐내고 미리 양탄자를 깔아 놓은 낙엽들은 바삭바삭 속삭인다. 살포시 내려앉는 나뭇잎을 주웠다. 살에 닿는 감촉에 생명의 진동이 느껴진다. 물소리 바람 소리 숲의 시각과 청각과 미각의 엑기스가 온갖 향기로 스트레스를 치유해 준다.

숨을 가다듬으며 오르는 일에 집중하다 보면 코에 단내가 나지만 한 마리 낙타처럼 걷고 또 걷다 보면 어느새 정상이다. 산 정상에서는 또 다른 세상이 열린다. 안개는 바람에 숨을 죽이고 구름 사이 솟은 기암절벽과 푸른 소나무 사이로 황금색 옷을 입은 낙엽송 군락들의 아름다움에 숨이 막혔다. 조물주가 빚은 명화 앞에서 가쁜 숨을 몰아쉬며 아프던 다리도 힘들었던 순간도 날아가 버린다. 곱게 쓴 무수한 메시지에 푸욱 빠져 감탄사를 연발한다.

아름다운 풍광에 모든 것 내려놓고 잠시 숨을 고른다. 신선하고 맑은 공기가 찌든 폐부 속에서 춤춘다. 멀리 보이는 산 아래 풍경도 정답다. 산허리 감도는 하얀 구름과 안개에 휩싸인 대자연 앞에 무색해진 나는 작은 점이 된다. 생명의 리듬이 풍부한 가을 산과 햇살 꽂혀 더욱 파란 가을 하늘, 더없이 여유롭다.

하늘의 표정을 수시로 바꾸는 태양이 가을 색을 더욱 깊게 한다. 수많은 능선을 옆구리에 낀 산의 눈부신 채색이 황홀하다. 얼마나 많은 사람들이 이 가을 숲에서 위안을 얻었을까. 즐거움이 융단처럼 깔리고 낙엽처럼 쌓인다.

산이 내 몸을 씻어준다 잠시 껍질을 벗고 가을 한가운데서 마음껏 웃는다. 산은 낙엽 요와 안개 이불을 덮고 몸체를 숨기고 보이기를 반복한다. 사방에서 기가 쏟아진다. 가을이 고즈넉하게 소리 없이 내려앉은 길을 묵묵히 내려오는데, 이제 올라오는 연인도, 아기를 짊어진 젊은 부부도 똑같이 물어오는 말, “다 와갑니까?” 겨우 반 정도 왔다고 말할 수는 없는 법. 반이나 남았다고 하면 지레 포기할 세라 “예, 다 와갑니다.” 뒤늦게 속았다고 지청구를 들을 건 번하지만 가을 산에서는 모든 게 용서되지 않을까. 불편해 보이는 아가씨의 신발을 발견하곤 다시 “아직 쫌 남았어요.”로 정정을 했다. 뒤돌아보는 선남선녀의 표정이 가을 산처럼 환했다.

희아리

시골집은 온통 고추 천지였다. 붉은 산더미에서 풍기는 맵싸한 냄새가 한 발 물러서게 만들었다. 하지만 바쁘게 움직이는 사람들에겐 풍년을 알리는 냄새일 뿐. 달콤하기까지 하다나. 붉게 익은 고추를 고추 말리는 기계에 넣어 빠른 시간에 건조를 하니 일손이 덜어져 편리하다고 했다. 하지만 태양초에 비할 바가 아니라는 것이다. 자글자글한 햇볕 아래서 제대로 말린 고추는 발간 갑사 치마처럼 속이 은은하게 비칠 정도로 말갛고 꼭지는 노르스름한 반면, 기계에 말린 것은 껍질이 두꺼운 듯 어둡고 꼭지는 푸르스름하다니 태양의 힘은 위대하다.

기계가 만들어지기 전에는 초가집 지붕에서 빨갛게 익어가던 고추가 가을임을 선전했고 마루 위나 마당귀 빈곳이면 어디든 고추를 널어놓은 가을풍경은 다사로웠다. 고추농사가 없는 집은 그저 무심한 풍경인 양 남의 일이었다.

경험이 없다 보니 고추 한 줌 말리는 데도 지혜가 필요한 걸 알지 못했다. 시골집 마당이나 도로가에 널려 있던 고추를 가끔 본 정도가 전부였으므로, 그저 볕 좋을 때 널어두면 저절로 마르는 줄 알았다. 몇 포기 심은 고추에 열린 풋고추가 어느새 발갛게 익은 날 경사라도 난 것처럼 기뻐하며 따다가 소쿠리에 널어놓고 자식이라도 얻은 양 들며 나며 보았다. 다리미로 다린 듯 반들거리며 말끔한 건고추를 상상했건만 물기가 줄어들자 몰골이 이상해졌다. 마를수록 쭈글쭈글 나이 먹듯 주름지더니 색깔까지 희끗희끗 한꺼번에 늙어버리고 말았다.

젖은 고추는 그늘에서 이삼 일 건조시킨 후에 햇빛에 널어야 빨갛게 마른다는데 바로 햇볕을 쬐면 배가 터지고 색깔이 가버리는 것을 어찌 알았으랴. '희아리', 겉만 급하게 마르고 속이 마르지 않아 희게 되어 버린 고추를 가리키는 말이라고 한다. 속에 찬 수분이 빠져나가는 시간과 환경을 제공해 주지 않고 탱탱하게 물이 오른 속살은 겉이 마르고 있는 줄 눈치도 채지 못하는 사이 완성품을 기대했으니 반란이 일어날 수밖에.

삶은 경험의 연속, 어찌 경험도 없이 자기 것으로 숙성시키려 했는지 이쯤 살아도 모르는 것 투성이다. 얼마나 큰 아픔 끝에 꽃을 피웠을지 얼마나 지독한 인내 끝에 빨갛게 익었을 것인데. 깨진 유리그릇처럼 눈부신 햇살 아래에서 코팅된 듯이 반들반들 윤나는 완성

품을 꿈꾸었건만 결과는 처참했다.

희망차게 푸른 봄빛을 이고 농익은 여름을 견디며 찬란한 햇빛 속에서 알알이 영글려고 애썼던 시간이 물거품이 되었다. 지상에 매여 있던 시간만큼 혈관에 흐르던 매운맛을 때깔 나게 완성하지 못하고 허옇게 변해버린 저 고추를 어찌할 것인가. 꿈을 키워온 한 해의 이야기가 녹아내려 모든 것이 한바탕 꿈이 되어 버린걸.

뜸을 들이지 못하고 급하게 행동한 과거는 이미 수정 불가능한 것, 우리가 마음대로 요리할 수 있는 유일한 시간은 지금이 아닌가. 엉덩방아를 찧었으면 툭툭 털고 다시 일어나야 하리. 뜸 들이는 시간이 필요한 것이 어디 밥솥의 밥이나 떡시루의 떡뿐이랴.

사람과 사람 사이의 관계 또한 그리 다르지 않으리라. 함께하는 사람들에게 애정과 시간을 투자하여 뜸을 들이는 노력이 필요하리라. 실수 한 번 했다고 불행해지진 않을 터. 오히려 약점을 깨달을 수 있도록 깨어있지 못하거나 노력하지 않을 때 불행은 찾아오리니.

시력이 좋다고 보이는 것이 아니라 겉이 아닌 속을 바라볼 줄 아는 지혜를 배워야 하리. 똑같은 경험도 어떻게 삭이고 녹이느냐에 따라 결과는 달라질 테니. 급하게 먹는 밥이 체하듯 속을 다스리지 않은 탓에 아른거릴 정도로 빨갛게 마르기를 기대했던 고추는 희어진 머리처럼 허옇게 변해버렸던 것이다. 게다가 쭈글쭈글해져 추해진 모습은 빛을 잃어버린 여자의 형상처럼 가엾은 몰골이다.

살아도 죽은 듯이 죽어도 산 듯이 말이 없는 빈집처럼 허허로워진 한 줌의 고추 앞에서도 인생을 배운다. 비가 그쳐야 무지개가 뜬다,

마음의 발자국

바다에서 그녀를 만났다. 구름이 끼어 조우가 힘들 것 같아 애태우던 중 구름 위로 솟아오르는 붉은 기운에 탄성을 지른다. 날마다 떠오르는 태양이지만 일찍 잠깨어 달려간 바다에서의 만남은 의미가 다르다. 구름 위에서 한 줄의 금빛 띠가 점점 부피를 늘려가는 모습이 수줍은 새색시가 천천히 고개를 들고 일어서는 것 같다. 마침내 이마가 보이고 둥근 얼굴을 나타낼 때까지 숨을 죽이다가 셔터를 눌러댔다. 출렁이는 바다에 길게 드리운 금빛 꼬리는 다홍빛 치맛자락 같다.

새 눈을 샀다. 또 하나의 다른 눈 카메라를. 간단한 똑딱이 카메라로는 잡을 수 없는 더 먼 곳의 피사체를 끌어오고 싶어서. 매는 물체의 상이 맺히는 황반이라는 부분에 시세포가 집중되어 있어 사람보다 5배 더 많은 시세포로 4~8배 멀리 볼 수 있다고 한다. 매의 눈처럼 멀리 보고 더 똑똑하게 보기 위해서 긴 렌즈도 달았다. 길게 튀어 나온 새 눈을 눈에 갖다 붙이니 두 눈이 다 가려진다. 툭 튀어나온 하나의 눈으로 세상을 보는 모습이 마치 도깨비 같다.

여행에서 돌아와 잊을 만할 때 보내온 사진 몇 장으로 즐거웠던 추억 속으로 다시 푸욱 빠졌다. 그 여행지들에서 찍었던 사진들 중 바다와 관련된 사진들을 골랐다. 사진 동호회에서 바다를 주제로 한 사진전을 열었다. 각자의 가슴에서 출렁대던 바다를 출력하여 다양한 시각을 모아서. 그건 아직 초보인 자존감에 날개를 달아주는 푸른 닻이었다.

보름의 여행기간 동안 찍은 사진이 삼천 장이 넘었다. 한 장 한 장 렌즈를 들여다보며 가늠을 하고 눌러댈 때는 몰랐던 시간을 컴퓨터를 통하여 다시 보니 새삼스럽다. 간직하고픈 풍경을 가두고 행복한 회원들의 얼굴을 담느라 피곤한 줄 모르고 찍었던 일들이 정작 분류하고 정리하는 데 며칠이 걸려 지쳐 버렸다. 사진 속 바다에서 물결에 휩싸이고 흔들리며 허우적대다가 겨우 다시 꽃으로 피어났다. “한 송이 국화꽃을 피우기 위해 봄부터 소쩍새가 그리 울었”는 줄 아무도 모를 꽃들, 귀한 사진 몇 장.

사진은 마음의 발자국, 우리 삶의 거울이다. 적막한 한순간 우리 손안에 쥘 수 있는 응고된 기억을 오래 남길 수 있기 때문이다. 사람은 역경을 이겨냈을 때 아름답고 꽃도 역광으로 찍어야 오롯이 아름답다.

●

꼭 필요했으나 잘못된, 그러나 다시 갈 수 없는 곳의 사진 한 장으로 울기도 하고 의외의 효과로 마음에 드는 사진을 얻었을 땐 크게 웃기도 한다. 기관에서는 총이나 칼보다 더 무서워하는 물건이 카메라라고 한다니. 바로 한 번 본 것은 잊지 않고 기록하고 보관하여 출력물을 남기는 날카로운 눈이기 때문이다.

보름 동안 무거운 카메라를 들고 다니느라 묵직하게 아픈 어깨에 파스를 붙이고 마음의 발자국 파일을 닫았다.

회색도시

소금물 밖으로 툭툭 불거진 거대한 도시. 기둥만 남은 희뿌연 뿌리 군락지의 모습이 낯설다. 복잡한 미로처럼 얽힌 맹그로브 뿌리가 긴 다리 짐승들이 우글거리는 정글의 모습 같아 잠깐 으스스해진다. 마치 모든 것이 정지된 지구 밖의 어느 별세계에 온 것 같다.

바나나 모양 작은 배를 타고 쇠스랑처럼 드러난 뿌리 사이를 요리조리 미끄러졌다. 아슬아슬하게 비껴가는 뿌리 때문에 정신이 아찔하다. 나뭇잎처럼 작은 배가 뿌리에 부딪힐까 뒤집히지는 않을까 위태롭기 짝이 없다. 억센 맹그로브 뿌리 사이를 소금물이 드나드는 낯선 광경에 탄성과 비명이 교차한다, 얌전하게 모습을 숨긴 땅속 뿌리만 생각해온 고정관념이 여지없이 깨지고 말았다. 다가오고 멀어져 가는 관광객들의 탄성에 정신이 번쩍 들었다.

저 뿌리를 안은 바닷물 속 바닥이 모두 갯벌이라고 하니 물이 어디 거울같이 맑기만 하겠는가. 적당히 흐린 물은 도무지 속을 보여주지 않아 깊이를 알 수 없고 볼 수 없는 뿌리의 근원이 더욱 궁금증을 자아냈다. 맹그로브는 여느 나무와 달리 네 개의 뿌리를 가졌다니 뿌리의 왕국이 된 까닭을 알 것 같다.

물속을 지탱하는 뿌리

나무줄기 같은 굵은 뿌리들이 물 위에 어지럽게 섞여 흔들리는 그림자 사이로 금방이라도 물의 요정이 나타날 것만 같다. 소금물이 들어오면 뿌리가 잠겨 숲이 되고 물이 빠지면 뿌리가 엉크렇게 발톱을 세우고 위용을 드러낸다. 들락거리는 물살의 위용에 맞서 몸통을 지탱하자니 얼마나 힘이 들까.

밟고 선 갯벌에는 온갖 토양 생물도 품고 있다. 육지에서 흘러나오는 유기물들을 뿌리로 꽉꽉 누르며 안간힘을 쓰다 보니 늑골을 셀 만큼 군살이라곤 없다. 머리를 풀어헤친 저 뿌리들이 정화작용도 하고 방파제 역할과 많은 물고기 서식처까지 제공하면서 쓰나미도 막아낸다니 여간 신통하지 않다.

산소를 빨아들이는 뿌리

가끔은 아무것도 하지 않고 고요함에 귀 기울이는 시간이 좋다. 맹그로브는 갯벌의 생명체에게 산소를 공급해주는 휴양림 역할도 한다. 물 밖 뿌리 저 어디쯤에서 대롱처럼 눈을 내밀고 산소를 빨아들이고 있다니 참으로 경이롭다. 해가 얼굴을 내밀자 또 다른 세상이 펼쳐진다. 두꺼운 맹그로브 잎에서 소금 결정체들이 빤짝빤짝 눈부시다.

몸을 젖혀 태양을 바라보며 당당하게 서 있는 겉면이 반질반질 매끄럽다. 가볍지 않고 따뜻하여 자꾸 보니 정다워진다. 파도가 들썩이는 절개지에서 뿌리 도시를 이리저리 헤매는 동안 팽팽하던 긴장은 사라지고 여유로워졌다. 이제 숲을 헤치는 시간 따라 단내가 난다. 생명의 소리가 들리고 나무와 손이 맞닿는 순간 짜릿한 전율을 느꼈다. 또 이렇게 자연과 하나가 되나 보다.

소금기를 빼내는 뿌리

꽃잎이 피어나듯 가만가만 잎사귀들이 피어난다. 뱃전을 치는 물결과 잎사귀 사이로 비치는 안개 햇살에 무지개가 피어오르고 선경에 든 듯 모두 압도되어 말을 잃었다. 짠물에 저린 발목이 시큰거려도 나무는 묵묵히 제 일을 한다. 운명으로, 체념으로 달관하며 마음에 일렁이는 사념을 가라앉히고 부지런히 뿌리호흡을 한다. 어떤 나무도 살아남을 수 없는 환경을 꿋꿋이 이겨내면서 몸에 오른 소금기를 빼내려고 온몸을 뒤틀고 비트는 저 몸부림.

찾아오는 이 없는 드넓은 바다에서 다리 얽어 서로 부축하고 살비비며 견뎌낸 세월, 외롭고 외로워 오히려 따뜻해진 몸뚱어리들. 몸속을 수시로 헤집고 들어오는 소금기를 빼내며 화석처럼 굳어가는 다리 사이로 땀내가 물씬 풍긴다. 등이 휠 것 같은 지난한 삶을 견뎌 목재로 약초로 밧줄로 다시 환생한다니 맹그로브 숲은 소금물과 시간이 만들어낸 걸작품이 아닌가. 들릴 듯 말 듯 낮고 은밀한 속삭임을 들었다.

세력 확장하는 뿌리

이제 사공도 관광객도 더할 나위 없이 자유롭게 뿌리 사이를 부유한다. 맹그로브는 뿌리만 내리면 2년 후부터는 성장속도가 엄청 빨라진다고 한다. 녹록지 않은 세월을 이기고 한세상 건너가는 맹그로브 삶의 바다에는 희망이 넘실거린다. 채워주고 비우기를 반복하는 소금물의 세월을 다독이며 숲을 만들어가는 지혜가 아름답다.

빽빽하게 세력을 확장한 맹그로브나무 위에서는 사람도 살 수 있다니 놀랍다. 창과 방패를 앞세우고 어떤 침략자도 용납 않겠다는 비장함이 서린, 굳센 다리를 가진 아버지들이 도열해 있다. 고국을 떠나 먼 타국에서 뿌리를 내린 이민자들의 모습 같기도 하다.

어디선가 달콤한 향내가 난다. 천천히 느리게 가는 참을성과 기다림, 하찮은 것 속에도 소중한 것이 감춰져 있다. 의미 없이 존재하는 것은 하나도 없다. 산다는 것은 아름답고 실재하는 모든 것은 존재하는 것만으로도 더욱 아름답다.

서로 사랑하고 지켜줄 때 행복한 냄새로 다가올 소중한 사람들을 가슴에 안는다. 다음 모퉁이는 아무도 모르겠지만 좋은 일이 기다릴 거라는 믿음과 희망을 지니고 새 모퉁이를 돈다. 맹그로브 숲이, 네 가지 역할을 지닌 뿌리가 새롭고 튼튼한 회색 도시의 얼굴로 다가왔다.

제4부

가는 날이 장날

가는 날이 장날

학교로 찾아온 시어머니의 얼굴은 회색빛이었다. 손자를 데리고 오일장 구경을 갔다가 잃어버려서 아는 장꾼들을 풀어 샅샅이 뒤졌지만 찾지 못했다는 것이다. 내 아들 찾자고 담임이 반 아이들 팽개치고 달려나갈 수도 없고 진퇴양난이었다.

잘못 들은 게지. 달리는 자동차 밑바닥에서 고양이 소리라니. 일행들도 어디선가 분명히 고양이 소리가 들린다고 두리번거리며 한마디씩 했다. 하지만 고속도로 위에서 어쩌지 못하고 애써 잘못 들은 걸로 결론내리며 동행한 사람들은 각자의 상념에 잠겼다.

엄마아~ 아악 무서워요! 새가 날듯이 어디론가 휙휙 날고 있나 봐요. 도대체 어디로 가는 걸까요. 밖으로 나가고 싶은데 길이 보이지 않아 나갈 수가 없어요. 여긴 깜깜하고 점점 뜨거워져요. 깜짝 놀라 눈을 꼭 감으니 더 무섭고 불안해요. 게다가 왜

이렇게 흔들리나요. 골이 흔들거려 견딜 수가 없어요. 붙잡을 데도 없고 고약한 냄새 때문에 숨을 쉴 수가 없어요. 감각이 둔해지고 자꾸만 눈앞이 가물가물해져요. 혼자가 된다는 게 이렇게 힘든 건지 몰랐어요. 피가 거꾸로 솟는 거 같고 심장이 쿵쾅거려요. 살려 주세요오.

사람들 소리가 들리네요. 가만히 들어보니 제 얘기인 것 같아요. 이제야 제가 있는 걸 눈치챘나 봐요. 아, 이제 밖으로 나갈 수 있겠죠? 엄마 잘못했어요. 언제나 잘 살피고 엄마 뒤만 따라다니라고 했는데 제멋대로 돌아다녀서 죄송해요. 여기저기 기웃거리는 호기심 덩어리, 갈 데 안 갈 데 가리지 못한다는 엄마 말이 서운했는데 천방지축 날뛰지 말라던 엄마 말씀이 무슨 뜻인지 알겠어요. 앞으로는 말씀 잘 들을게요. 빨리 데리러 와 주세요.

"우리 차에서 자꾸 고양이 소리가 나요."

"그럴 리가?"

"어 봐요. 지금 소리 나죠?"

휴게소라는 곳에 도착한 모양인데 저마다 한마디씩 툭툭 던지기만 하다니. 나 여기 있다 야옹! 차주인은 뒤 트렁크를 열고

이 구석 저 구석 살피나 봐요. 날 좀 봐요. 여기예요. 야옹! 숨 막히고 뜨거워 죽겠어요. 기회는 지금인데 밖으로 나갈 길이 보이지 않아요. 야옹야옹!

"거 참 이상하네. 분명히 고양이 소리는 나는데 보이지는 않네. 고속도로에서 어떻게 해볼 수도 없고……."

큰일 났네요. 이렇게 목이 터져라 소릴 질러도 나를 찾지 못하다니요. 이젠 목이 쉬어 소리도 나오지 않아요. 사람 소리가 들리면 쥐 죽은 듯이 있으라던 엄마 말씀대로 입을 다물고 있는 것이 나았을까요? 뒤따라오던 차도 도착했기에 무슨 방법이 있겠지 했는데. 어, 안돼요. 휴게소 어딘가에서 나는 소리일 거라며 멋대로 생각하고 또 출발하려고 하네요. 그중 생각이 나은 사람이 차에서 나는 소리가 틀림없다고 해도 제가 보이지 않으니 도저히 믿기지 않는다는 듯 그냥 출발한대요. 바보들! 부르릉 시동 소리에 온몸이 떨려요. 역겨운 냄새 때문에 코가 막히고 속이 울렁거리는데 또 고속도로라는 곳을 쌩쌩 간다는 거네요.

엄마 아빠가 계시는 우리 집이 그리워요. 따뜻하고 포근한 잠자리와 배가 고플 땐 어김없이 먹을 것을 챙겨 주시던 부모님이 보고 싶어요. '우리 예쁜 아기' 하시면서 안아주고 가려운 곳

을 긁어 주시고, 얼굴을 비비며 혀로 핥아 주시던 엄마 품이 그리워요.

엄마, 죄송해요. 차 밑바닥은 어떻게 생겼을까 궁금했어요. 우리 주인집 마당에 세워놓은 차처럼 왠지 안전한 것 같았고 낮아서 엎드려 있으면 사람들 눈에도 띄지 않았어요. 일부러 밑바닥을 들여다 보는 사람은 없으니까요. 엎드려서 요리조리 구경하다 보니 바퀴 옆에 길쭉하게 작은 구멍이 보이지 뭐예요. 궁금해서 견딜 수가 없었어요. 가만히 살펴보니 어두컴컴한 것이 쥐구멍 같아서 냉큼 뛰어 올랐죠. 왠지 쥐들이 오글거리며 새끼라도 키울 것 같은, 아주 맞춤한 구멍이었어요. 새끼쥐를 잡아 엄마에게 칭찬 받고 싶었어요. 흑흑흑.

자동차 정비소에서 차를 살짝 들어 올리고 막대로 툭툭 치자 주먹만 한 새끼고양이가 총알같이 달아났다. 대구에서 마산까지 달려온 긴 시간 동안 작은 구멍에서 초주검이 되었을 고양이의 어디서 그런 힘이 나왔을까. 제대로 살펴볼 새도 없이 지옥을 넘어서 새로운 세계로 가뭇없이 사라지고 말았다.

몇 시간 후 다시 교실로 오신 시어머니는 함박웃음을 짓고 계셨다. 말도 못하는 어린 손자가 어떻게 찾았는지 그 멀리 떨어진 집까지 혼자 와서 눈물콧물 범벅된 얼굴로 쓰러져 자고 있더라고. 신동이 틀림없다며. 새끼고양이는 여기저기 기웃거리다 몇 번이고 집을 잃어버렸던 호기심 강한 우리 아들을 닮았다.

풀 뽑기

무엇을 기른다는 것은 자기 자신을 기르는 일이라 여기며 꽃밭을 일구었다. 가장자리에는 꽃을 심고 남은 땅에 가지와 고추 방울토마토 모종을 심었다. 희망과 기쁨 한 줌씩 섞어서 상추와 쑥갓 씨앗도 소복이 뿌렸다.

기대에 부풀어 아침저녁으로 흙을 주무르며 정성을 쏟았다. 육중한 흙덩이를 들어 올리며 뾰족이 고개를 내미는 여린 싹에게 경이로움을 배우고 꽃 진 자리에 모양을 갖추어 가는 열매를 본 날은 신천지라도 발견한 양 호들갑을 떨었다. 유기농 채소로 길러 보겠다고 비료 한 톨 약 한번 치지 않았다.

장마 탓일까. 잘 자라던 잎 위에 검은 씨앗 같은 딱지가 뒤덮더니 상추와 쑥갓은 녹아내리고 고추 잎은 누렇게 말라갔다. 크게 실망하여 한동안 내버려두었더니 채소밭이 어느새 잡초 밭으로 변해 버렸다. 애써 키워 보려던 채소들은 어설픈 농부의 마음을 아프게 하고 실망시키더니 적의에 서러운 풀들은 저절로 무성하다. 잡초는 뿌리만 마르지 않으면 언제든지 파릇파릇 다시 살아난다. 뽑히고 넘어지고 시들어도 또다시 일어선다. 모종과 씨앗 값은 젖혀 두고라도 그간 기울인 정성이 물거품인지라 밭으로 뛰어들었다. 불청객 잡초가 여간 괘씸한 게 아니다.

왕바랭이, 망초, 쇠뜨기들의 기세도 보통은 아니었지만 마음먹고 힘을 모으니 뿌리를 드러냈다. 그러나 명아주만은 달랐다. 맨손으로 달려들어 줄기를 감아쥐었으나 꿈쩍도 하지 않는다. 의외다. 왕좌라도 차지한 듯 밭 중앙에 우뚝 서 있는 품이 도도하다. 큰 것은 사람 키만큼 자란다고 하더니 어느새 허리를 넘었고 튼실한 줄기는 숫제 나무 같다. 옆으로 벌어진 모습도 암팡지다.

'그래봤자 잡초일 뿐이지.'

숨을 모아 다시 힘껏 들어 올려 보았으나 허사였다. 뿌리가 얼마나 깊이 박혔는지 요지부동이다. 안간힘을 쓰며 이리저리 흔들어댔지만 오히려 잡초에게 휘둘릴 지경이다. 꺾어지는 것은 잡초가 아니라 지쳐가는 나의 의지였다.

스스로의 힘을 가늠이라도 해보는 걸까. 손아귀 속에 몸을 맡긴 채 리듬이라도 타는 듯 흔들리며 내뿜는 저항이라니. 낭패다. 기대고 부빌 곳 없는 풀 따위라고 얕잡아보고 맨손으로 달려든 자신에게 약이 오른다. 누가 이기나 오기로 버텨보지만 이미 패색이 짙다.

단번에 뽑아버리고 말리라 등등하던 기세는 어디로 가고 아파오는 허리 펴기도 바쁘다. 그까짓 풀 한 포기 어쩌지 못하다니. 다시 기합까지 넣어가며 흔들어댔다. 몸으로 내뱉는 잡초의 항변인가. 명아주 줄기의 껍질이 벗겨져 버렸다. 손끝에 전해지는 축축한 물기, 살아있다는 유연함과 피돌기 같은 수액의 생생한 느낌, 풀줄기에 든 원시의 시간에 가슴이 울렁거려 나도 모르게 손을 놓고 말았다. 모든 식물은 영체라고 하더니.

당장 아무 계획도 없으면서 꼭 뽑아내야 하는 이유는 무엇인가. 잡초라는 이유 하나만으로 수난을 당해야 하는 목소리 낮춘 풀의 말, 풀의 저항. 살아가는 모든 것들은 살아야 하는 이유가 있는 것은 아닐는지. 때로는 알량한 동정과 연민이 상처를 치료할 수도 있으려나.

"명아주는 나물도 해먹지만 약초인기라. 모기나 벌레에게 물렸을 때 생즙을 내서 바르고 모깃불로도 좋제."

가슴 울렁거림에서 벗어나지 못하고 서 있는 내게 이웃집 할머니가 하신 말씀이다.

나직한 비명으로 삐걱거리면서도 고집을 꺾지 않는 명아주는 내 모습이 아니었을까. 옳다고 믿으면 타협하지 못하고 끝까지 우기며 불통의 벽을 쌓았던 바로 나 자신. 거울을 봐도 보지 못하던 자신을 명아주를 통해 보고 있다.

●

회생하는 나무

"개구리 올챙이 적 이야기가 딱 어울리는 일이 벌어지는 곳이 파크골프장이더만요. 첨부터 능숙했던 자 있으면 나와 보라는 소리가 목구멍까지 올라오지 않겠습니까?"

누군가의 격앙된 소리가 초보자를 맞장구치게 했다. 파크골프장에는 하얀 오비 말뚝과 벙커 등 난이도가 도사리고 있어 초보자들에게는 어려움이 있지만 채를 휘두르며 스트레스를 날리는 재미를 느낄 수 있다. 그라운드 골프장과 유사한 풀밭에서 규칙과 용어도 모두 같으나 채는 오직 하나뿐이다. 구장도 크지 않으며 원하는 시간에 사람 숫자 구애 없이 칠 수도 있으나 기본은 네 명씩이며, 모르는 이와도 어울릴 수 있어 노년층에 인기가 높아지고 있는 운동이다.

9홀 ~ 36홀을 돌면서 파크골프가 신체적으로 유산소 운동효과와 심폐기능강화, 성인병 예방효과가 있다. 정서적으로는 수목과 녹색의 잔디에서 상쾌한 기분과 심리적 해방감, 가족 간의 화목, 노년의 남여 간에 친선도모 등을 즐길 수 있도록 하는데 가장 좋은 여건을 제공하고 있다는 것을 실감했다. 게이트볼과 그라운드 골프장의 장점을 이용하고 단점을 보완해서 이상적인 종목으로 창안했다는 것이다. 한 홀의 길이가 20여 미터에서 백여 미터 정도를 치고 걸으니 부담이 크지 않아 좋다.

풀밭 바깥에 날아간 공, 도랑에 또르르 빠진 공을 주우러 다니는 연습생들에게 초보라고 쫓아내려던 할머니는 꼴불견이었다. "여기 개판 났어요."라고 구역 담당자에게 전화하자 초보들도 지지 않을 세라 "뭐가 개판이유? 당신들은 초보 건너뛰고 바로 잘했나요? 하는 것 보니 우리보다 나은 것도 없구만." 하는 실랑이도 나오는 곳이다. 하지만 일 년만 지나면 실력은 비슷해진다는 말에 위로를 얻는다. 구슬치기로 공을 퍼 나르고 오비를 밥 먹듯 해도 기다리는 미학도 배우고 가끔은 소 뒷발차기로 홀인원도 나오니 구장을 찾게 되는 것이 아닐까.

대개는 오십 후반부터 칠, 팔십대까지의 사람들이 모이는 구장에 삼십대 후반으로 보이는 청년이 나타났다. 그 청년의 얼굴은 조각처럼 잘생긴 데다가 맑고 깨끗하며 눈망울은 사슴의 그것처럼 그지없이 착해 보였다. 보통보다 큰 키에 날씬한 몸매, 무엇 하나 나무랄 데 없는 청년이었다. 쉼터 의자에 앉아 있다가 우리 부부에게 다가오며 "안녕하세요?" 하고 깍듯이 인사를 했다. 남편이 먼저 공을 치고 있었고 내가 다음, 그리고 그 청년이 우리와 반대 방향으로 공을 놓을 때까지 그저 젊은이가 온 것이 의아했을 뿐이었다. 그러나 그 청년이 왼손 하나로 공을 칠 때 가슴속이 싸아해졌다. 자세히 보니 오른쪽에 마비가 온 듯 오른손은 옆구리에 기역자로 붙이고 오른쪽 다리도 살짝살짝 절었기 때문이다.

그 청년이 한 손으로 친 공은 가볍게 살짝 떠서 멋지게 그린 위에 살포시 내려앉았다. 두 손으로 채를 잡고 있는 힘을 다해 날려 보낸 내 공이 무색한 멋진 샷이었다. 저절로 굿 샷 소리가 터져 나왔다. 그 청년의 공은 매번 우리를 놀라게 했다. 18홀 두 바퀴를 같이 돌며 함께 간식도 먹고 이야기도 나누었다. 구력은 삼 년이고 서울에서 살다가 왔으며 조금 떨어진 곳에 살고 있다는 것이었다.

젊은 나이에 큰 아픔을 겪었을 텐데 그 청년의 얼굴엔 원망도 아픔도 그 어느 부정적인 면이 보이지 않았다. 울분, 화, 스트레스 같은 마음의 독소들을 어떻게 치유했을지. 그것들을 씻어내고 환상적인 인생 여행을 다시 시작했을 청년이 다시 보였다. 제아무리 인공지능이 발달해도 사람의 마음은 다스릴 수 없지 않은가. 스스로 사유의 고정관념을 바꿀 용기가 없다면 평생 근심과 걱정에 사로잡히고 말았을 텐데. 스스로 한 걸음 물러서서 드넓은 바다와 하늘을 바라보며 사유의 급전환을 거쳐야 비로소 더 높은 곳에 설 수 있고 더 멀리 볼 수 있지 않은가.

인간의 몸은 놀라울 정도로 엄청난 회복력을 갖고 있다. 따라서 몸에 일으킨 상태들을 반전시키고 몸의 생화학적 균형을 회복하는 것이 절대 불가능한 일은 아니라고 한다. 노력하면 반드시 큰 변화를 가져올 수 있다. 스스로 자립심을 배운 사람은 이타심을 배운 것과 다름없다

집에서 가까운 파크골프장엔 옮겨 심은 나무가 여러 그루 있다. 처음부터 뿌리를 잘 내리고 잎을 피우는 나무가 있는 반면, 말라 죽어버린 나무도 있고 시들시들 말라가다가 돌보는 사람의 정성으로 다시 살아나고 있는 나무도 있다. 키 크고 미남이며 말도 잘하는 청년은 부정적인 믿음, 화, 좌절감, 분개, 죄책감, 절망감 등 파괴적인 감정을 잘 치유하는, 회생하는 멋진 나무였다.

보조개

상처는 좀 어떠냐구?

찌릿찌릿 따끔따끔 반란을 일으키고 있는 중이라네. 가끔씩 조용할 때도 있지만 불안하긴 마찬가지야. 도무지 속을 알 수 없으니. 하긴 들여다볼 수 있다 해도 겁나는 일이지.

어쩌다가 그 지경이 됐냐구?

말도 마. 생각지도 못한 순식간에 일어난 일이었으니까. 떠나려는 정든 임 잡다가 그래도 떠나가니 십 리도 못가서 발병난다는 〈아리랑〉 노래 가사가 생각나는구먼. 바닷가를 끼고도는 갯가 길을 출발할 때만 해도 날씨는 좀 흐렸지만 즐겁기만 했지. 야트막한 야산의 때 이른 진달래 한두 송이를 까무러칠 듯 반기고 부지런히 물 길어 올리는 나무들 물관 펌프질에 귀 기울이며 봄의 전령 따라 자연과의 대화에 신이 났지. 파도 소리 듣느라 발돋움하는 나무들 사이로 부부 팀을 이룬 일행들이 한 줄로 늘어서 걷는 모습이 그림 같았거든.

요즘 일기예보 아주 잘 맞더라구.

비가 온다는 소식이 있는 날은 어김없이 내리는 거야. 며칠 전부터 남녘의 비 예보를 걱정했었는데 아니나 다를까 얼마 못 가 보슬보슬 비가 내리기 시작하더군. 있으라고 이슬비인가, 가라고 가랑비인가, 소소한 일에도 의미를 부여하며 즐거운 분위기도 한때, 빗방울이 한둘 보태기 시작하니 땅이 젖기 시작했지. 드디어 여인의 몸매처럼 곡선미가 돋보이는 굴곡진 곳에서 미끄럼을 타듯 남편이 미끄러지고 말았어. 짚은 손이 아프지만 그래도 별 탈 없이 지나가고 뒤를 이어 친구가 똑같은 모양으로 미끄러져 손목이 아프다고 한참을 쩔쩔 맬 때도 웃을 수 있었지. 그때부터 우리의 발걸음은 아주 조심스러워졌어. 물기를 머금은 땅이 번들거리며 질척질척 등산화에 달라붙기 시작했거든.

다행히 점심을 먹을 만한 곳을 발견했어. 빈 창고같이 지붕만 있는 건물에서 진수성찬이 벌어졌지. 여러 집에서 가져온 음식의 가짓

수가 대단했어. 어찌 그리 골고루 준비를 잘했는지 질척이는 날씨는 잠시 잊고, 커다란 상추쌈 속에서 화기애애한 분위기는 계속되었지.

문제는 점심식사 후 하산 길이었어.

계속 바다를 끼고 걷는 오솔길 풍광은 그저 그만이었지만 길이 더욱 미끄러워졌고 달라붙는 진흙 때문에 신경이 곤두서 앞으로 나가기가 힘들더군. 손님들을 안내해야 할 가이드는 오솔길 아래 바닷가 자갈밭 길을 혼자 걷고 있는 거야. 손님들은 알지 못하는 편한 길을 혼자 가는 가이드를 성토한 벌인가 봐. 갑자기 악 소리도 못하고 앞으로 고꾸라지고 말았어. 도대체 무슨 일이 일어났는지 생각할 겨를도 없었어. 그저 촛불을 훅 불어 끈 듯이 앞이 캄캄했고 왼쪽 뺨이 둔탁한 곳에 박히는 찰나 울림판이 들썩이다가 무디어졌어. 그것이 큰 돌이었다나 봐. 그 순간에도 큰일이 나도 보통 큰일이 아니라는 생각이 스치더군. 몰려오는 통증과 두려움이 엄습해 와 꼼짝을 할 수 없었거든.

그건 정말 날벼락이었어.

찢어진 뺨에서 흐르는 피로 남편의 손수건이 젖을 정도였으니까.

마침 넓은 반창고를 가진 사람이 있어 상처를 대강 막을 수 있었어. 그제야 정신을 차리고 보니 아뿔싸! 일부분이 땅 위로 튀어나온 나무뿌리가 오른쪽 발목을 걸었던 거였어. 개구쟁이 남학생들이 친구의 발을 걸어 넘어뜨리듯이. 떠나가는 임의 발목을 움켜잡는 여인네처럼. 엎어지며 돌에 부딪친 뺨의 아픔과 나무둥치 쓰러지듯 엎어졌던 부끄러움에, 앞을 살피지 못한 바보스러움까지 수많은 생각이 교차하더군. 어쩔 수 없이 성형외과에서 몇 바늘 꿰맸다네. 누운 병상에서 얼굴에 바느질을 하는 기척만큼 어울리지 않는 것도 드물겠다는 생각을 하며. 지금 얼굴이 KO 된 권투선수처럼 부어올랐고 반창고를 덕지덕지 바르고 있어 외출이 어려우니 다음에 봐야겠네.

다시 연락 주어 고맙네.

무엇보다 상처가 남지 않기를 바랐었지. 선홍색 찰과상이 생각보다 깊었고 멍든 곳도 보통이 아니었어. 부어오른 곳이 푸르다가 어둠 직전의 하늘 같은 보라색으로, 다시 누르스름한 색을 띠며 서서히 없어지는 긴 기간 동안 테이프를 덕지덕지 바른 모습은 남의 호기심을 자극하고도 남았지. 이유를 설명해야 할 날도 많았고 한 방 얻어맞은 것으로 오해도 받았지. 실밥을 뽑고 난 후는 더욱 실망이었어. 마치 칼자국 같은 자국이 생겼기 때문이야. 다시 연고를 바르기를 여러 날. 다행히 길쭉하던 상처 모양이 점점 둥글게 변하고 살이 차오르고 있구먼.

덫

발을 건 것은 나무뿌리가 아니라 나 스스로 만든 덫. 앞을 잘 살피지 않고 남의 탓을 하면서 몸은 굼떠지고 어리버리하니 쿵 엎어지지 않았겠나, 또 작년엔 반대편 등산화의 끈을 밟아 앞으로 쫙 슬라이딩 하듯 엎어지면서 오른쪽 얼굴을 갈아 붙였었지. 올핸 왼쪽 뺨, 작년엔 오른쪽. 균형을 맞출 것이 따로 있지 손 짚을 여가도 없이 두 번씩이나 얼굴을 갈아붙이다니 무슨 일인지 도무지 알 수가 없다네. 그래, 어쩌겠나. 이미 엎질러진 물.

뺨에 생긴 것도 상처가 아니라 보조개라고 위안하니 한결 나아졌다네. 소녀 시절 보조개 있는 아이를 무척 부러워한 적이 있었지. 어찌나 예뻐 보이던지 억지로 만들어보려고 찔러도 보고 눌러도 보며 그리 만들고 싶었던 그 보조개, 뒤늦게 얻은 보조개 말일세.

트라이앵글

우리는 삼각관계다, 서로가 화합을 하지 못해 안달하는. 아니, 그 자리에 있기만 해도 이미 화합이 된 셋. 하나로 시작하여 둘이 되었다가 어느새 셋이 되었다. 어떤 이들은 셋은 불편한 관계라고, 어느 쪽으로라도 기울어질 것이라고 우려를 하지만 어느 곳을 건드려도 비슷한 소리를 내려고 애쓰는 사이다.

가족처럼 오래할 친구가 있다는 건 큰 선물이다. 언제나 곁에 있어 의지가 되고 허둥댈 때 잡아주고, 소용돌이치는 감성을 앞세우고 같이 여행을 즐기며 뾰족해진 일상을 털어내는 마음 맞는 친구. 셋이라서 오히려 균형이 맞는 관계, 오래 묵히고 곰삭아 묵은지 같은. 격려를 하는 데 걸리는 시간은 짧지만 그 말의 힘은 평생을 간다는 것을 아는 친구가 있다는 것만으로도 일상은 촉촉하다.

꽃들의 말없는 조화에 탄성을 지르는 목소리의 톤이 같고 바라보는 눈높이가 어긋나지 않으며, 잠시 멈춰 서서 꽃향기 풀 향기에 취해 강바람과 비바람도 함께 찾아나서는 우리. 별빛이 보석처럼 빛나던 곳에서 바다를 굽어보며 산길을 걸어가며 직선의 시간을 나선형으로 구부려 버리는 우리. 들판의 작은 꽃 속에서, 융단처럼 깔린 낙엽을 밟으며 새하얀 눈 이불 위에서 이상이 같은 리듬으로 흔들리는 우리. 연습한 것처럼 끊어진 길 위에서 같이 아픔을 느끼는 우리.

한쪽이 가벼우면 다른 쪽이 무게 중심을 잡고 만나지 못할 땐 전화하는 시간이 길어지고 눈을 열고 마음을 여는 시기가 비슷한 우리. 부족하면 따라가고 모자라면 기다려 주는 사이. 정상을 오르며 굽이굽이 아름다운 것에 정신을 팔고 가지 않은 길을 가고 싶어 하고 한눈팔며 걷기를 좋아하는, 수많은 공통점으로 의기투합한다.

우리는 청춘이다. 신체 나이와 상관없이 젊고도 젊다. 청춘은 인생의 어느 시기가 아니라 희망과 열정을 버리지 않으면 언제나 청춘이므로. 정해진 학교만 졸업하면 두 번 다시 배우려 들지 않는 이들도 있겠으나 배우기를 즐겨하는 우리는 보이지 않는 끈으로 엮인, 야망과 야심이 은은히 반짝이기도 하는 우리는, 한쪽 면이 열려 있는 삼각관계.

우리는 뾰족하지 않다. 셋이면서도 모서리가 둥근 곡선이다. 도전을 두려워하지 않는 아름다운 곡선, 날씨를 마음대로 바꿀 수는 없지만 기분은 마음대로 바꾸는 우리. 항상 승리할 수는 없지만 최선을 다하려는 우리, 좋은 쪽으로 밝은 쪽으로 엮어가기를 갈망하는 즐거움이 삶에 녹아들기를 기다리는 우리. 백 마디 말보다 꼭 잡은 손을 놓지 않는 신뢰, 사랑을 담은 시선에 진심을 보태는 모서리가 둥근 삼각형 트라이앵글.

성은 돌로만 쌓는 것이 아니다. 친구라는 이름이 가장 잘 어울리는 진정한 관계, 일생을 살아가며 어떤 사람을 만나느냐가 인생을 바꾸고 운명을 바꾸기도 한다. 새로운 일을 같이 도모하고 서로를 통해서 자기 자신을 돌아보고 재발견을 하는 우리. 서로를 사랑하면서 약간의 질투심도 간직하고 있는 팽팽한 삼각관계가 좋았다.

갑자기 한 면씩 균형을 이루는 팽팽한 삼각관계의 긴장이 풀리려고 한다. 만나지 못하는 날도 손 닿을 가까운 거리에 있기에 언제나 그 자리에 영원할 줄 알았는데 갑자기 한 면을 멀리 떠나 보내야 한다. 자르는 아픔을 지레 두려워하며 미리 눈물지었다. 간격의 아픔이 이렇게 클 줄 몰랐다. 함께하는 시간이 오래 이어지기를 갈망했지만 어쩔 수 없는 시간이 다가오고 있었다.

존재하는 것에는 반드시 이유가 있다면 우리의 작별에도 이유가 있는 것은 아닐까. 보이는 것만이 아닌 숨어있는 뜻을 생각하고 좋은 쪽, 밝은 쪽으로 이끌어가며 마음을 바꾸어 나가야 하리. 사람을 움직이는 건 화려한 기교나 꾸밈이 아니라 진심이므로. 꼭 잡은 손을 잠깐씩 놓더라도 영원히 놓지 않는다는 신뢰, 진심을 담은 시선만 영원하다면 작별은 큰 문제가 아닐지도 모른다. 한 면을 끊어내야 하는 것이 아니라 이미 한쪽은 언제나 틔어있던, 꽉 막히지 않은 자유로운 관계 트라이앵글이므로. 마음을 다잡기로 했다. 우리에게 간격은 새로운 길이 될지도 모른다고.

불가마

집이 뜨겁다. 절절 끓는 가슴을 활짝 열어젖혔다. 겉옷을 벗어던지고 속옷마저 벗는다. 아슬아슬하게. 빨갛게 상기된 얼굴에 찬물을 끼얹는다. 몸의 열꽃을 식히는 수증기가 피어오른다.

타닥타닥 장작이 탄다. 이글이글 타오르는 불꽃이 길게 누운 흙가마를 에워싼다. 점점 온도가 올라간다. 참나무 장작을 던져 넣는 장인의 이마에 콩죽 같은 땀이 흐른다. 이글거리는 불의 때깔, 불꽃이 토해내는 소리에 멀리서 보기만 해도 숨이 막힌다. 꺼내놓은 숯불을 다시 퍼 넣어 더운 공기를 계속 채운다. 활활 타오르는 불살이 크게 용솟음치며 삼킬 듯이 펄럭인다. 불살이 굴뚝 위로 치솟으며 불기둥이 솟는다. 밤낮으로 쉬지 않고 꼬박 불을 지펴야 1200도 이상의 온도를 올릴 수 있다니, 은근과 끈기 속에서 마침내 불꽃이 용트림을 하며 여의주를 물고 굴뚝을 빠져나간다.

●

피움 불을 지펴서 가마 속의 수분을 천천히 증발시키고 점점 박차를 가하며 한 단계 더 높은 돋움 불로, 마지막 마감 불까지 눈을 뗄 수가 없으니 자리를 뜰 수도 없다. 불 때를 읽으며 불을 다스리는 자세에 따라 도자기의 때깔이 달라진다고 하니. 더워도 마다않고 참을성 있게 기다리는 예술가의 얼굴에 혼불이 펄럭인다.

페루의 '빵 굽는 마을', 어귀부터 구수하고 고소한 빵 냄새로 가득하다. 반원 형태의 커다란 불가마를 미리 달구기 위해 불을 지피고 있었다. 적정 온도가 될 때까지 장작을 계속 넣는다. 갈고리가 달린 긴 막대로 장작을 계속 집어넣는 청년의 얼굴이 빨갛게 달아오른다. 밀가루와 버터, 계란과 설탕 혼합물에 이스트를 넣어 부풀린 반죽덩어리로 빵 모양을 만드는 여인네의 손길도 분주하다. 넓은 나무주걱에 모양낸 반죽을 얹어 달아오른 가마에 척척 붙이는 모습이 예사롭지 않다. 불가마 안에 자리 잡은 반죽 덩어리가 빵으로 굽히는 시간 30여 분. 노릇노릇 화사하다. 뜨거운 가마 앞에서 땀 흘린 사람들의 정성이 밴 빵을 한 입 베어 물자 입안에서 꽃이 핀다.

딱딱한 유리가 새빨간 불 앞에서 저리 순해질 줄이야. 엿가락처럼 길게 늘였다가 공처럼 동그랗게 부풀려서 이리저리 비틀기도 한다. 달아오른 불 속에선 말랑말랑한 밀가루 반죽이다. 온몸으로 불을 마주한 예술가의 손길에 따라 한없이 맑고 투명한 공예품으로 다시 태어난다. 차갑고 가벼운 유리가 1500도의 불을 만나 철과 혼합

되어 독특하고 영롱한 빛깔이 되는 유리공예의 세계. 불 속에서 녹은 덩어리에 장인이 입으로 숨결을 불어넣자 다양한 모양의 병으로, 한 송이 꽃으로, 예쁜 여인의 얼굴로 마법같이 변신한다. 신기한 광경에 구경꾼이 점점 불어났다.

더위는 한순간도 줄어들지 않는다. 밀린 숙제를 끌어안고 머리에서도 불이 난다. 불면의 밤을 뒤척이다 설핏 잠이 들었다. 태양이 달궈놓은 집 속에서 익어가는 빵이 되고, 눈부신 도자기로 변신했다가 영롱한 빛깔의 유리가 되었다.

눈을 뜨니 여전히 8월의 불 속이다. 불가마다.

덧셈과 뺄셈

카메라 셔터를 누르는 순간 봄의 정령이 앞장선다. 요기 작은 꽃이 있다고, 저기 바람을 맞으며 외로이 서 있는 나무도 있다고 귓가에 속삭인다. 앵글 속의 또 다른 세상, 덧셈과 뺄셈 사이에서 망설이다가 절묘한 미소 가득한 꽃의 얼굴에 셔터를 들이댄다. 뺄셈이다.

땅바닥까지 꽃을 드리운 벚나무 앞에 발길을 멈췄다. 커튼처럼 늘어진 꽃의 향과 색깔과 전설을 생각하며 이리저리 카메라를 들이댄다. 바닥까지 빽빽이 드리운 꽃이 신기하여 무턱대고 셔터를 누르다가 뒤늦게 고개를 들었다. 위쪽의 굵은 가지가 찢어져 목이 기역자로 꺾인 까닭에 잔가지들이 바닥으로 팍 쏟아진 게다. 가지의 반 이상이 찢어져 일부분만이 껍질에 의지하여 매달려 있는 나무에 수많은 꽃이라니!

부러진 나무가 이 많은 꽃을 어떻게 피웠고 지탱하고 있을까. 어쩌면 저 꽃들이 다 눈물일지도 모른다. 부러진 나무가 피워낸 수많은 꽃 위로 어느 드라마의 주인공 얼굴이 겹쳐진다. 희귀병에 걸린 주인공이 자신의 병을 치료하기 위해서는 임신중절 수술을 받아야 한다는 의사의 지시를 거부한다. 남편과 어머니와 식구들이 눈물로 설득하지만 생명의 위험을 무릅쓰고 아기를 살리려고 안간힘을 써 안타까웠다. 마침내 사랑하는 이의 씨앗을 피운 꽃, 위험을 무릅쓰고 얻은 아기를 안고 환희에 떨던 주인공의 모습이.

부러진 벚나무는 그 몸으로 어떻게 봄이 온 줄 알았을까. 자기가 피워야 할 꽃이 무언지를 알고 저리 소담스럽게 피웠을까. 꽃송이 사이를 뛰어다니는 햇살이 부러진 가지를 살갑게 어루만진다. 사찰 입구에 자리를 잡고 오가는 신자들과 뒷산을 오르는 등산객들에게 꽃 보시를 하고 있는 또 한 분의 스님, 자기 몸을 희생해가며 꽃 보시를 하고 있는 부러진 나무, 해탈승이 거기 계신다.

'사진은 거기 있었던 존재 증명, 거기에 없었던 부재 증명, 꽃을 찍는다고 하지만 거기에 묻은 시간일 뿐'

선문답 같고 시 같은 사진 강의 내용을 생각하며 상념에 젖어있는 내게 일행이 빨리 가자고 재촉하여 아쉽게 자리를 떴다.

찍어온 사진 속에는 부러진 가지가 없다. 사찰 마당에 늘어선 연등까지 사진 속에서 곱게 빛나건만, 온통 은하수같이 촘촘히 박힌 꽃잎들뿐이다. 별들을 칭칭 감고 우주로 뻗어나가 하얗게 길을 연은하수 같은 꽃무리. 구경꾼까지 잔뜩 들어간 꽃잎을 향한 덧셈법이다. 부러진 가지가 보이지 않는 꽃은 환하게 반짝이며 웃고 있을 뿐 아픈 상처는 어디에도 보이지 않는다. 아픔을, 감성을 건드리는 사진을 찍지 못한 것을 뒤늦게 깨달아도 소용이 없다. 지도 교수의 말은 흘리고 보는 눈이 서툴렀으니 어찌 좋은 사진을 찍으랴. 오직 바닥까지 깔린 수많은 꽃에 혹하여 눈높이에만 신경을 쓴 탓이다. 피사체에 집중하고 그것의 참모습과 의미를 느끼고 난 후 사진을 찍어야 하는 것을.

사진 속에는 부재중인, 나의 머릿속에서만 존재하는 부러진 나무가 오래 마음에 머물렀다. 꽃송이만 가득 찍혀, 아름답게만 보이려고 애쓴 사진은 특징이 없다. 감성도 부족하다. 피사체에 한 발 다가서지 못하고 뺄셈에만 신경을 쓴 결과이다. 세상살이도 그렇게 뺄셈과 덧셈 사이에 있는 것인걸. 여태 살면서 삶도 사진 찍기처럼 뺄셈에만 능숙하지는 않았는지. 전체를 보지 못하고 보고 싶은 것과 듣고 싶은 것에만 눈과 귀를 열며, 염불보다 잿밥에 눈이 어두운 건 아니었는지 사진 속 셈법이 복잡하다.

바람꽃의 말

저카다 산삐알 마카 아작나겠어여.

봄 오기를 학수고대해껀마는 누구 지들 조으라꼬 그리 용쓴 줄로 아는 거 아니여? 추븐 땅 소게서 민날미칠 쪼그리고 발 한븐 몬 피고 앉은잠 자가미 뛰나갈 날 기디리미 '가~심은 울렁울렁, 살랑살랑 봄바람 춤을 추는 봄봄' 애타게 기다린 게 하루아침에 허사여. 에헤 이보다 더 애달픈 기 있겠어여?

카메란강 먼강 시커머이 기다란 눈까리를 우리한테 바짝 가따대가 우리 손자손녀 모두 시껍 안 했나. 아들 · 딸 · 며느리 · 사위들이야 먼저 당해봤으이 지요량 하게찌만. 올해 새로 난 얼라들이 얼매나 놀랐을까 이 말이여.

허기사 요량인 게 별꺼 있을라꼬. 발자죽 소리 나믄 숨이나 직이고 몸이나 오그라 부치지만 그랄수록 용케 알고 차자 내가 엎디리고 꿇어안자 요래 찍꼬 조래 찍꼬 앞에 찍꼬 위에서, 뒤에서, 비치 있네

없네 어쩌구저쩌구 카미 지랄발광하는 것 보믄 기경도 그런 기경이 업어여. 그카기만 하믄 애곤기라. 배겨이 워뜨니저뜨니, 주변이 어지럽따카미 우리가 애면글면 덮고 이떤 이불이고 비게고 싹 다 여프로 떤지뿌고 우리를 발가벗끼가 오들오들 떨게 안 하나. 또 처녀아아들 치마미튼 왜 그리 찍어쌌는지 손녀가 부끄럽따고 비비꼬다가 고마 울고불고 난리 안 났나 말이여.

허허 그게 끄치 아니여.

우는 손녀 달랠라꼬 우리 할망구가 손을 뻐치이께 갈구친다꼬 고마 모가지를 비틀어 제낐뿌따 안 카여. 지가 사진직간가 먼강 모리게따만 한두 장 떨어진 시든 꽃잎에 머리가 허여케 시따꼬 아즉 산 목심을 그래 눈도 깜작 안 하고 그란당 말이여. 다른 카메라재이는 모델하게따꼬 꾸메 부풀어 '청춘은 봄이요 봄은 꿈나아~라~.' 노래하든 처녀를 이뻐다꼬 치미 마르게 칭찬하미 구애하는 총각매키 엎드려서 딜따보고 정신업시 홀래가 난리뻐꾹통 한께 아아는 황홀해가 모델 맨키로 요래요래 미모를 자랑했다 안 카여. 그란데 그러케 사랑시런 눈으로 할짓 다하고는 마 모가지를 똑 부러뜨리고 갔다 안 카여. 왜긴 왜여? 지 혼자 재미보고 딴 놈 눈에 띨까비 그런 거여. 지 혼차 이쁜 사진 가질라꼬 그랬다는 거 아니여 모델료는 못 주디라도 그랄 수가 있는강 말이여. 참말로 그래쓸까나 했디이 우리 할마시한티 하는 것 보믄 그카고도 남겄어여 암.

내도 바람꽃인게 이름값 한다꼬 한때 이뻰 아지매한테 눈찔 줬어여. 맘에 든 여자 있으믄 꼬사 볼라꼬 마싰는 것도 갈체 주고 춥다카믄 안아 주고 이불 차자 피주고 비게 대신 팔비게도 마이하고 알랑방구 낀 게 한두 번이 아니여. '어언제나 즐거운 노래를 부릅시다.' 카미 사랑시러우믄 가지끈 정 주다가 떠날 때는 신사답께 빠빠이 해야지. 저건 아니여 아니고 말고. 저런 인간들은 사진 찍을 자격이 없는 자들이여. 암.

우리가 추본 거 참꼬 이케 일찌기 눈 소개서 꽃 피우는 거 사람들한테 봄이 왔음을 알리려고 피어나는 게 아니냔 말이여? 그란데 조래 모가지 똑 뿌루주면 봄소식을 전하라는 우리 바람꽃의 사명이 헌신짝 되는 거 아니냔 말이여 그래여, 안 그래여?

소년과 프리마돈나

겹쳐지는 얼굴 위에서 헤매느라 잠이 오지 않았다. 그 소년은 무사히 집에 도착했을까. 빈틈없이 어둠이 들어차고 찬 바람이 부는 저녁엔 더욱 생각난다. 짧은 만남이 이렇듯 오랫동안 잊히지 않을 줄이야. 끝까지 살펴주지 못했던 기억을 붙잡고 마음이 무겁다.

한국이 낳은 최고의 가수 소프라노 조수미 씨의 콘서트에 참가하는 호사를 누렸다. 좌석은 그야말로 입추의 여지가 없었고 딸 덕분에 앞쪽 자리를 차지한 우리의 옆 빈자리 하나만이 유독 눈에 들어왔다. '세계적인 프리마돈나' '한국을 세계에 알리는 초특급 외교관' '100년에 한번 나올까 말까 한 신이 내린 목소리' 그녀를 향한 수식어는 끝이 없다.

그녀가 무대에 모습을 보이자 격렬한 환호성이 극장 안에 넘쳐흘렀다. 마치 오래 알고 지내던 사람을 오랜만에 만난 것처럼 반기며 환호하는 군중들, 성악가로서 더 이상 올라갈 고지가 없어 보이지만 "음악에 있어 최고는 있을 수 없고 여전히 많은 노력이 필요"하며 자신의 모토는 "끊임없는 아름다운 도전"이라고 말하는 그녀. 눈부신 하얀 드레스에 작은 체구지만 강렬한 빛과 카리스마에 관객들은 매료되고 감동의 물결 속에서 전율했다.

천상의 목소리로 극찬받기까지 그녀는 얼마나 많은 노력을 했을 것인가. "언제 어디서나 음악을 해야 한다는 사명감이 있었기에 방랑자이지만 방랑자가 아니기도 하며 모든 것은 열정과 몰입, 긍정적인 마음 덕분"이라고 말하는 그녀. 세계 속의 한국인에서 거장으로 발돋움 한그녀의 애환이 묻어있는 말에 가슴이 서늘했다. 작은 거인! 전세계를 돌며 빡빡한 일정을 소화해내고 있는 그녀의 높이 치켜든 두 팔 위에서 세계가 춤춘다.

세 곡의 노래를 부르고 그녀가 잠시 무대 뒤로 들어갔다. 그 잠깐의 사이 비워진 옆자리에 어떤 소년이 안내를 받으며 다가와 앉았다. 뒤늦게 혼자 온 손님이 중학생쯤으로 보이는 소년이라서 잠깐 의아했다. 뒤이어 다시 계속되는 프리마돈나의 크리스탈 고음에 빠져들어 숨소리조차 크게 낼 수 없었다. "자신의 노래가 힘든 사람들에게 위무가 되기를 바란다."라는 그녀의 노래가 계속 이어졌다. 20대에 이탈리아로 유학을 떠나 서정적이고 매혹적인 목소리로 세계적인 콩쿠르에서 계속 수상을 하며 스타로 부상하여 불혹의 나이에 이른 그녀. 별처럼 빛나지만 외로운 삶까지 노래에 녹아들어 더욱 아름답고 찬란했다.

1부가 끝나고 잠시 쉬는 시간, 옆자리의 소년과 이야기를 나누게 되었다. 멀리 울산에서 버스를 타고 와서 다시 택시를 갈아타며, 시외에 자리한 대학공연장까지 찾아온 소년은 때 묻지 않은 맑고 앳된 얼굴이었다. 밤에 다른 지방까지 공연을 보러 온 소년의 열정에 깜짝 놀랐다. 차가 밀리는 저녁 시간이라 시외버스비보다 훨씬 비싼 택시요금을 내면서 그것도 혼자서 왔다니. 그렇게 오다 보니 시작 시간을 놓쳤고 중간엔 들여보내지 않는 관례에 따라 밖에 있다가 조수미 씨가 무대 뒤로 퇴장한 짧은 시간을 이용하여 들여보내 주었던 것이다. 티켓 값이 비싼 로열석이니 그나마 배려를 해준 것이다. 소년의 열정도 한몫을 했을 터이고.

무엇이 이 소년을 먼 곳까지 오게 했을까. 꿈을 꾼다는 것은 얼마나 아름다운 일인가. 엎드려 고개를 숙여 더 많은 것을 보고 낮은 자리에서 더 높은 것을 바라보며 현실 너머에 있는 미래를 바라볼 줄 알아야 성공의 길로 다가설 수 있음을 미리 알았나 보다. 대구에 아는 사람은 없으며 공연이 끝나면 울산으로 되돌아갈 거라는 성악가를 꿈꾼다는 소년. 택시에서 핸드폰을 두고 내린 것 같다며 당황해하기에 대신 신호를 여러 번 보내봤으나 아무도 받지를 않았다. 기사가 받아서 찾을 수 있기를 바랐지만 아무런 효과가 없었다.

2부가 시작되었다. 드레스를 바꾸어가며 작은 연출로 재미를 더해주며 열정적으로 노래하는 그녀의 노래에 사람들은 더 깊이 빠져들고 소년의 눈도 더 반짝였고 세찬 바람이 도를 더하는 크리스마스 이브는 깊어만 갔다. 성공하는 사람들은 보는 눈이 다르다. 탁월한 직관과 혜안이 있다. 가장 설득하기 힘든 것이 자기 자신이라지만 자신과 합의가 이루어지면 가장 강한 힘을 발휘한다지 않은가.

프리마돈나와 성악가를 꿈꾸는 소년, 큰 바다에 몸을 던져 먼 길을 떠난 자와 아직 물에 발도 담그지 못한 자. 꿈을 이루었다는 것과 꿈을 꾼다는 것이 얼마나 다른 일인지를 아직은 실감하지 못할 소년, 누구나 열정을 가진 사람만이 바다를 품을 수 있다. 숯이 높은 압력을 받으면 다이아몬드가 되나 그렇지 않으면 숯에 머물 뿐이라는 걸 한없이 맑고 순수해 보이는 소년은 알고 있을까.

사과 한 조각을 베어 문 것 같은 신선한 느낌을 주는 그 소년에게 조수미 씨는 멘토이자 꿈이라고 했다. 젊은 날은 꿈을 준비하는 시기이니 때를 놓치면 배울 수 없다. 그곳을 향하여 심지를 돋우고 있어야 길이 열리므로. 그러지 못한 자신을 뒤돌아보며 풋사과 같은 소년이 꿈을 이루기를 바라며 도움을 주고 싶었다. 시외버스를 타는 시간이 늦지 않도록 도와주려고 공연이 채 끝나기도 전에 서둘러 소년을 데리고 나왔다. 자동차를 달리고 달려서 최대한 가까운 곳에 내려주었다. 직접 운전을 하지 않았던 관계로 터미널까지 데려다주어 떠나는 것을 보지 못했기에 막차를 놓치지는 않았는지 지금까지도 깊은 밤길 위에 서 감사해 하던 소년의 해맑은 얼굴이 잊히지가 않는다.

소년은 공연장이 시내버스로 한 시간 넘게 걸리는 외곽에 있는 줄을 모르고 온 모양이었다. 공연이 끝나는 밤 10시 30분 정도에 시내버스를 타고 시외버스터미널까지 가서, 11시 초반 시간의 막차를 타고 울산으로 돌아가려고 했다니. 어처구니가 없었다. 공연이 끝나고 서두르지 않는다면 빠져나오는 시간도 상당하여 자동차로 쉬지 않고 달려도 빠듯할 시간이었다. 마치고 걸어 나가면 외곽지의 대중교통은 대개 끊어질 시간이고 인가도 없는 넓은 대학 캠퍼스의 그 시간에 택시도 있을 리가 없지 않은가. 서둘러 소년을 데리고 나와 마음을 졸이며 달린 것은 좋았지만 시내에 와선 길이 달라 택시로 정류장까지 5분 정도만 가면 되는 곳에 내려주고 집으로 돌아왔던 것이 내내 찜찜했다. 왜냐면 춥고 늦은 시간이라 택시가 잘 보이지 않았기에. 불과 몇 분만 더 수고해 주지 못한 것이 후회스럽고 무사히 집으로 돌아갔는지 확인할 길이 없어 더욱 안타까웠다. 직접 운전하지 않았기에 더 어쩔 수가 없었다. 휴대폰도 잃어버렸으니 집으로 연락하기도 힘들었을 텐데. 마음의 짐으로 오래 남을 것만 같다. 부모님은 장사를 하시는 관계로 함께 오지 못했다는 소년의 집 전화번호라도 물어놓지 못한 것도 후회되었다. 이야기를 다 듣고 보니 오직 공연을 보겠다는 일념으로 먼 길을 온 소년의 행동이 무모해 보이지만은 않았고, 나무밑동에서 뿜어 올리는 수액처럼 순수하고 곧은 나무처럼 단단해 보였다.

그녀, 조수미 씨는 프리마돈나가 되기까지 뼈저린 외로움을 이겨내고 고통을 참으며 자신과의 싸움에서 얼마나 힘들었을까. 그 모든 어려운 싸움에서 승리하고서야 아름다운 소리를 얻었을 터이니. 이 세상을 떠날 때 갖고 갈 것은 감동뿐이라고 했던가. 삶이 아름다운 이유는 매일매일 일어나는 작은 일들 때문이라지 않은가. 숨이 막힐 정도로 가슴 서늘한 감동과 그곳을 향하여 심지를 돋우고 있는 사람들의 향기에 흠뻑 취한 의미 있는 날이었다.

사랑과 오기

쥐 잡기 강조기간을 아시나요?

손자가 잠을 자고 있다. 오물거리는 입이 피어나는 꽃잎 같다. 온통 꽃밭이다. 하루가 다르게 커가는 아기를 보는 재미를 어디에 비기랴. 가정은 나라와 같고 천국과 가장 가까운 상징임을 깨우쳐주는 천사. 두벌자식 사랑에 푹 빠졌다.

야들 보송한 얼굴에 모기가 앉았다. 급한 마음에 두 손을 내젓다가 달아나는 꽁무니에 모기약을 마구 뿌려댔다. 놈은 안개처럼 퍼져나가는 약 사이를 요리조리 잘도 피해 다닌다. '니가 이기나 내가 이기나…….'

어느새 사랑을 빙자한 오기가 발동하여 마구 뿌려대다 보니 식탁 위에 차려놓은 밥상이 엉망이 되고 말았다.

어디선가 '쨍그랑 와장창' 소리가 들릴 때 흑백사진 한 장이 펼쳐진다. 초등학교 시절, 나라 전체가 먹고 살기에 바빠 다른 것은 생각할 겨를이 없다 보니 환경이 열악하여 파리와 쥐가 많았었다. 가정마다 한꺼번에 쥐약을 놓는 쥐 잡기 강조기간도 있었다.

어느 해 여름방학에 황당한 숙제가 주어졌다. 개학 때 쥐꼬리를 가져오라는 선생님 말씀에 비명을 질러댔다. 파리를 잡아 성냥 곽에 넣어간 것도 선뜻 하지 못한 숙제였지만 생각만 해도 징그러운 쥐꼬리라니. 동생과 나의 숙제를 위해 아버지가 쥐덫도 놓고 이리저리 뛰었지만 성과 없이 개학날이 다가오고 있었다.

어느 날 마루 위로 올라온 생쥐를 뒤쫓는 아버지와 달아나는 생쥐 모습이 우스워 깔깔거리고 있는데 드디어 아버지가 빗자루를 호되게 내리쳤다. 생쥐는 미끄러지듯 달아나고 단단한 나무자루가 달린 빗자루는 마루에 걸린 대형 거울을 치고 말았으니.

"와장창 쨍그랑."

큰 거울이 산산이 부서져 내리는 소리에 심장이 멎는 듯했고 숙제는 물거품이 되어버렸으니 허탈하게 서 계신 아버지보다 어쩌면 내가 더 낭패스러웠는지도 모른다.

"빈대 잡으려다가 초가삼간 다 태우겠니더."

부엌에서 뛰쳐나온 어머니의 지청구만이 크게 울렸다.

지금의 아이들에게 그런 숙제는 듣도 보도 못한 일일 터이다. 전하기도 망설여지는 일이다. 쥐 구경은 물론 방충망에 가려 파리 또한 얼씬도 못할 지경이니 파리를 보면 호랑이라도 만난 듯하다. 오히려 너무 깨끗이 살다 보니 면역성이 떨어져 아토피 같은 병이 생겨나고 있다니 격세지감을 느낄 수밖에.

이어진 아버지의 고군분투로 숙제를 할 수 있었고 숙제와 약속은 어기면 아니 됨을 우리에게 몸소 각인시켜 주신 계기가 됐다. 불평 한마디 없이 육남매의 뒷바라지를 하시다가 마른 날개를 비비는 매미처럼 다 내어주고 빈몸으로 가신 아버지가 그립다.

거울을 깨고 밥상이 엉망이 된 사건들 위로 한 세대라는 시간의 강이 흐른다. 속 넓은 자루처럼 식구들의 모든 것을 받아내시던 아버지. 하늘 같은 수직적 관계보다는 바다 같은 수평적 관계로 늘 화평을 추구했던 아버지는 가시고, 가슴이 빈 날에 혼자 펼쳐보는 빛바랜 사진 속에 남아있는 아버지 얼굴이 손자 얼굴 위에 투영된다.

혹시 당신도 우리와 비슷한 일을 겪은 적이 있나요?

제5부

빈집

프러포즈

나와 결혼해줄래래래래…….

예비신부의 얼굴은 아침햇살에 빛나는 모란꽃보다 더 환했다. 활짝 핀 미소가 이미 '좋아요.'를 연발하고 있다. 두 손으로 장미꽃다발을 바치는 예비신랑의 얼굴도 만발한 장미꽃처럼 홍조가 가득하다. 달달한 분위기가 TV밖으로 흘러 넘쳤다. 약속 시간에 쫓기어 결말을 보지 못하고 일어섰다.

꽃 사진을 찍으려고 계곡을 찾았다. 이른 봄 햇살이 먼저 셔터를 누른다. 굳었던 흙이 몸을 풀기 시작하나 보다. 얼고 녹는 사이 땅심이 느슨해져 발이 푹푹 빠지더니 아래로 미끄러지며 둥근 수로 위에 양쪽 다리를 벌리고 올라타 버렸다. 마치 시소를 타는 것처럼. 민망함을 감추려 산을 오르고 또 오르자 드디어 노란 복수초가 손짓을 했다.

봄을 불러내는 냄새, 큰 나무 뒤에서 고개 내밀며 피어있는 복수초를 찾아냈다. 다가가자 어린 씨방이 박힌 노릇한 속살이 아기의 살갗마냥 여리디여리다. 코끝에 감도는 살내. 여릿한 봄 들판의 향기가 살랑살랑 흘러나왔다. 계절을 건너오며 싹 틔우고 꽃 피우려 애쓴 흔적이 역력하다. 카메라를 들이대니 바닐라향이 그윽한 슈크림을 먹는 아이 얼굴처럼 화사하다. 낙엽 사이로 빼꼼 내민 얼굴이 술래를 놀리려 '메롱' 하며 혀를 내미는 개구쟁이 같기도 하여 연신 셔터를 눌렀다.

여기저기서 복수초를 찾았다는 일행들의 소리가 드높아졌다. 막 샛노란 꽃잎을 여는 것은 배시시 웃는 수줍은 처녀의 미소 같다. 샛노란 꽃떨기는 순수하고 깨끗한 우주의 정기를 머금어 토끼풀처럼 소박하고 애잔하다. 꽃을 받쳐 든 뾰족뾰족한 초록의 잎이 생명의 감수성을 일깨운다. 구슬처럼 맑은 진액이 송글송글 배어나올 것만 같았다.

계곡을 누비며 복수초를 한 송이씩 찾고 보니 얼굴마다 담긴 사연이 정답다. 활짝 꽃잎을 마음껏 열고 흐드러진 꽃은 함박웃음 웃는 마음씨 좋은 아줌마다. 진한 노랑저고리가 잘 어울리던 금자아지매의 미소가 되살아난 것 같았다. 귓전에 닿는 복수초 입김이 얼마나 달착지근한지 순간 몸속이 후끈 달아올랐다.

낮게 드리운 파릇한 햇살이 앙상한 나뭇가지에 앉아 자울거리는 숲 속, 혼자 먼저 피었다가 어느새 흐릿해진 꽃잎을 한두 장씩 떨어뜨리며 속절없이 웃고 있는 꽃은, 긴 세월을 머리에 인 할머니 같다. 날개 돋친 흰 나비가 되어 은하로 날아오르려니 봄볕의 기억은 따스하고 자손을 부르는 핏줄은 눈물겹다. 지난 시간은 속절없이 저물고 추억은 가뭇없이 사라지며 꽃잎 진다.

돌 틈에서 발돋움하며 막 영롱한 꽃을 피운 복수초에 역광의 빛이 스며들어 더없이 화사하다. 얇은 날개의 노랑잠자리. 바늘 자국마저 없으니 천의무봉, 바로 천사의 날개옷. 하늘하늘 실크를 휘감은 우아한 모델 같다.

나뭇가지에 긁혀 생채기가 생기고 바짓가랑이가 흙투성이가 되어도 아랑곳하지 않고, 이산가족이라도 만난 듯 이 꽃 저 꽃에 카메라를 들이대고 셔터를 눌렀다. 미소가 화사한 키 작은 꽃에 앵글을 맞추려고 무릎을 꿇고 엎드렸다. 좀체 웃음을 보여주지 않는다. 허리를 더 내리고 꽃을 쳐다보느라 무릎이 아렸다. 이리저리 살피며 얼굴에 각도를 맞추려니 허리가 끊어질 듯 아팠다. 한 줌 빛 오라기 역광 속에서 빛나는 노랑꽃잎이 새침하여 더 어여쁜 신부 같다, 온갖 어려움을 이겨내고 마침내 신붓감 앞에 무릎 꿇어 프러포즈하는 총각의 마음이 되었다.

여기저기 돋아나 봄 향기를 선물하는 노란 꽃물 든 복수초 군락 산비탈은 그들 대가족의 놀이터였다. 카메라의 눈으로 들여다본 가족에 대한 사랑 고백록을 쓰다가 언어의 조각도로 풍경화를 새겼다.

여러 장의 복수초 중 마음에 드는 사진 한 장, TV 속에서 신붓감에게 프러포즈하던 총각처럼 마침내 그녀의 마음을 얻은 기분에 홍조가 피어올랐다.

폭포, 당신에 대한 보고서

물이 일어나는 소리에 마음이 급해진다. 앞서는 마음과 달리 몸이 따라주지 않으니 다리가 더욱 휘청거린다. 인고의 세월을 백설로 내뱉는 숨소리가 점점 가깝다. 수직으로 내리꽂히는 굉음은 천지가 진동할 듯 어마어마하다. 크기와 부피로 평가하는 데 익숙해진 눈앞에 펼쳐진 풍경, 압권이다.

저 엄청난 물을 누가 제압할 것인가. 주변은 온통 물보라와 안개천지, 태초부터 있어 왔을 저 몸짓. 천둥처럼 큰 울림 앞에서 현기증이 인다. 거대한 폭포가 자아내는 물안개 속에 환호하는 사람들마저 희뿌옇고 인간의 소리는 잦아들고 만다. 이 먼 곳까지 날아와 꿈에 그리던 폭포와 마주하니 지난밤의 고통도 눈 녹듯 사라진다.

어제 저녁에 먹은 덜 익은 듯 보이던 돼지고기 한 점이 문제였을까. 밤새도록 화장실을 들락거리느라 눈을 붙이지 못했다. 잠이 들려는 순간 배가 살살 아프기 시작하더니 고통은 점점 더 심해지고 창자가 뒤틀리는 고통 속에서, 급기야 속까지 모두 비우느라 기진맥진하여 아침엔 일어설 수조차 없었다. 롤 화장지 한 묶음을 다 없애며 토하고 비우기를 거듭하고 아침까지 굶었으니 하룻밤 새 몰골이 말이 아니다. 여행이 심심하면 무슨 재미가 있겠는가.

마음에 일렁이는 사념을 가라앉히고 기운을 짜내어 폭포 가까이 온 힘을 다해 다가갔다. 지구가 품은 무언의 에너지가 분출한다. 절절 끓는 화산의 불구덩이에는 가까이 갈 수 없겠지만 폭포 가까이에서 용솟음치는 물보라를 맞으니 정신이 번쩍 든다. 어깨를 부딪는 수많은 관광객들 모두가 물에 젖어도 즐겁기만 하다. 각자 자기들의 언어로 환호성이 끊이질 않는다. 물의 축제장이다.

신이 빚은 최대의 걸작이라는 이과수폭포. 270여 개의 크고 작은 물줄기들이 모여 분출하는 대자연의 위엄 앞에 인간은 작디작다. 너무 넓고 높아서 한눈에 들어오지 않는 폭포는 사진기로 한꺼번에 다 담을 수조차 없다. 엄청난 양의 물이 쏟아진다. 거품을 게워낸다. 사람들이 더럽힌 때를 수직으로 내리꽂으며 날려버린다. 깨끗이 청소한다. 폭포수는 하얀 여과지다.

깊은 소용돌이를 감히 들여다볼 수조차 없는 일명 '악마의 목구멍'에서 뿜어내는 대단한 물보라에 온몸이 젖었다. 물세례를 피해 돌아서니 계곡 아래 수억 년 물살에 씻겨 부드러워진 이끼 쓴 바위와, 거센 물살을 맞으며 따라 흔들리는 풀과 나무들이 눈에 들어온다. 물

세례에 사람들은 잠깐도 아우성인데 일평생 물의 리듬에 자신의 호흡을 맞추는 그들, 원하지 않은, 어쩌지 못할 격렬한 흔들림에 순응하며 살아가는 모습이 경이롭다. 우리는 작은 아픔 속에서도 휘청거리고 주저앉기를 반복하는데.

엄청난 폭포의 모습을 더욱 가까이에서 보기 위해 사람들은 곳곳에 쇠기둥을 세우고 전망대를 만들어 사진을 찍고 환호성을 지른다. 폭포 위쪽 넓은 강엔 구불구불 끝이 보이지 않는 긴 다리도 만들어 놓았다. 본국이 아니라 힘 있는 나라에서 만들었다는 다리는 홍수에도 끄떡없단다. 다리 아래 저리 잔잔히 흐르고 있는 물은 코앞의 절벽을 상상이나 할까. 갑자기 곤두박질치며 새하얗게 질려 내뿜게 될 신음들을. 둥글게 휘며 흔들리는 풀과 나무들 위로 꽃이 핀다. 무지개다. 하늘이 아니라 긴 계곡 물 위에 뜬, 그것도 한두 개가 아닌 여러 개의 무지개. 우리나라에선 무지개 보기가 어려운 요즘 한꺼번에 무지개 풍년이다. 쌍무지개도 있어 더욱 이채롭다.

폭포를 보기 위해 비행기를 타고 와서 자동차로 갈아타고 또다시 온전히 폭포용 나무기차를 갈아타야 볼 수 있는 번거로움과, 먼 길을 오가는 수고에도 모두가 즐거운 표정이다. 기대와 환희에 찬 얼굴들이다. 엄청나게 늘어선 줄 앞에서 불만도 없다. 폭포 주변을 쓸모없는 땅으로 여겨 이웃 나라에 내줘버리고 그 후 들끓는 관광객을 가슴 아프게 바라보는 옆의 나라도 있다니 안타깝다. 세계 각국의 사람들이 몰려오는 관광 천국을 생각도 못했을 옛날의 일이었으니.

국경이라는 경계를 짓는 사람들과 상관없이 폭포가 만들어낸 풍광과 마주하니 혼탁해진 공기에 내몰렸던 두 눈이 산뜻해진다. 저 물살을 깨끗한 몸으로 맞이하기 위하여 어젯밤 그렇게 비우는 고통이 있었나 보다. 비우기를 계속하는 폭포 따라 나도 비움을 배운다. 마음속 찌꺼기까지 모두 비운다. 자꾸 낡아지는 삶에 원동력이 되려고 비우고 맞이하며, 누추한 속내가 씻긴 내 안의 우물에 맑은 물이 고인다. 수억 년, 다가올 또 그 세월을 계속 내뿜을 당신, 이과수폭포. 긴 세월 이어질 소용돌이로 찾아오는 이들의 속세의 때를, 미움과 반목을 모두 비워 사랑의 꽃이 피도록 도와주구려. 정신이 번쩍 번쩍 들도록 물 폭탄을 언제까지나 멈추지 말구려.

흐르는 시간과는 아랑곳없이 폭포의 나신은 겉옷을 벗고 속옷까지 벗는다. 씻은 몸을 불사른다. 살 속까지 보여주며 뛰어내린다. 허공이 갈라진다. 장단 없이 훨훨 춤을 추다가 화르르 사라져 간다. 수천 수억 천사들의 날개옷이 펄럭인다. 영화 〈미션〉의 배경지 저기 어디쯤이 숨 막혔던 곳일까. 태고의 신비를 간직한 이 땅을 지키다가 문명의 힘에 밀려 사라져버린, 원주민들의 힘찬 북소리가 들렸다.

빈집

대문을 열었다. 철커덩. 오랫동안 열지 않은 철대문의 소리가 통명스럽다.

이제 오는가?

아니 이게 누구여. 큰딸 아닌감? 주인 할매는 또 안 오는감? 병원에 입원한 지가 벌써 여러 달인디 아직 퇴원할 때가 멀었는감? 혼자서 지내기가 을매나 적적한지. 이러다간 할매 얼굴 잊어버리겠네. 말 한마디 나눌 데가 없으이 주리가 틀리는구만.

쏟아지는 빗속에서 무뚝뚝하게 서 있는 빈집이 내는 환청이 들린다. 오랫동안 사람의 그림자 구경하기가 쉽지 않았으니 을씨년스럽기까지 하다.

마루 문을 열고 대강 먼지를 훔치고 걸터앉았다. 마루가 내는 둔

탁한 소리에 심장이 마구 뛰며 벌렁거리고 가슴 속에서 휑한 바람이 인다. 하루살이가 날갯짓하는 소리마냥 희미한 숨소리 하나 없는 빈집. 아버지와 어머니, 우리 육남매의 체취가 묻어있는 집이었건만 오랫동안 비워둔 까닭에 적막하고 쓸쓸하여 선뜻 오르기가 쉽지 않다.

"야야, 안 올라오고 뭐하나?"

어머니의 음성에 화들짝 놀랐지만 환청일 뿐, 스산한 바람이 종일 불더니 기어이 비가 쏟아진다. 사람이 기거하지 않으니 허물어져 가고 있는 집, 유순한 아버지와 분주하던 어머니의 숨결이 아직 식지 않는 곳. 그러나 이제는 돌아오지 못할 강을 건넌 지 오래인 아버지와 다시 이 집을 밟을 기약조차 장담 못하는 어머니. 솥뚜껑을 비집고 나온 김이 온 부뚜막을 휘감고 나면 밥이 다 되고 밥 푸는 소리에 이어 박박 누룽지 긁는 소리가 이어지던 부엌에 유치원 간식 시간마냥 육남매가 쪼르르 달려가던 집.

인생은 흘러가는 것이 아니라 채우고 또 비우는 과정의 연속이던가. 무엇을 채우느냐에 따라 결과는 달라지며 무엇을 비우느냐에 따라 가치는 달라진다. 인생이란 그렇게 채우고 또 비우며 자신에게 가장 소중한 것을 찾아가는 길인 것을. 간직한 추억은 늙어가는 일에 연연하지 않고 마모되면서 서서히 순일해졌다. 함께 견뎌온 고추처럼 눈 매운 사연도 함께 견뎌온 세월 속에서 모난 목소리를 깎아

낸 후에야 화음을 이루던 가족들.

가슴에서 길어 올리던 다짐이고 꿈을 공유한 추억이 있는 집. 모자이크처럼 엉킨 추억이 하나씩 펼쳐지고 어머니와 아버지의 골목, 우리들의 골목이 어우러져 질펀하던 시간이 흘러도 추억만은 낡지 않는다. 손때가 묻은 추억들이 천천히 오라고 손짓한다. 그 시절이 그림자처럼 어룽거린다. 함께했던 날의 바람과 그날의 구름, 그때의 몸짓, 그날의 웃음소리를 기억한다는 것. 그것이 아마 가족 간의 사랑일 것이다.

병원에 입원한 어머니가 고쟁이 주머니에서 낡은 집의 열쇠를 꺼내 손에 쥐어주며 가져오라고 부탁한 자질구레한 물건들. 손수건과 내의와 스웨터를 챙기는데 너무나 오랜 시간을 지체했다. 옷가지를 들추며 우리가 사 드렸으나 몇 번 입지 못한 옷, 동생 결혼식 때 입었던 옷, 사진 속의 옷들을 들고 그날을 생각하고 손수건에 묻은 냄새도 맡아보느라고.

혼자 남아 더없이 투박해진 빈집을 돌아보며 대문을 닫았다.

또 혼자 남아야 하남? 하루 빨리 주인 할매 돌아오길 기다린다고 전해주어.

철커덩. 빈집의 푸념이 애잔하다.

숲

잘 늙은 나무가 빙그레 웃는다. 사백여 년의 세월을 끌어안은 미소가 주위를 압도한다. 푸른 하늘을 떠받치며 마음껏 뻗은 여러 갈래의 검은 줄기들이 세월을 다지며 구부러지고 휘어진 품새가 넉넉하고 당당하다. 몇 아름의 굵은 둥치에 수많은 잔가지까지 어우러져 내뿜는 웅혼한 기상이 신령스럽다.

무구한 생명을 품고 있지만 노거수老巨樹는 말이 없다. 서너 개의 까치집과, 두꺼운 껍질 속에 집을 짓고 알을 낳으며 새끼를 키우는 작은 벌레들과, 쉼 없이 드나드는 개미들을 말없이 보듬어 안고 있을 뿐. 뙤약볕과 폭풍우를 막아주고 눈비에 젖으며 회화나무는 세월을 먹고 너울너울 춤을 춘다.

노거수를 찾아 나선 길에 영남유교문화원에 들렀다. 우리 민족의 근간에 면면히 흐르고 있을 유전인자 속 유교정신이 꿈틀댄 탓일까. 마주한 순간 가슴에 전류가 흐른다. 예사롭지 않은 소나무 숲이 감싸 안은 포근한 언덕배기 구릉지는 어설픈 눈에도 길지 같다. 잘 손질된 잔디 위에 아름드리나무로 지어진 이십여 채 전통한옥의 풍채가 웅장하다.

유교문화원은 찬란하였던 영남선비문화의 전통과 맥을 잇고 바른 인재를 양성하기 위한 목적으로 지었다는 설명을 들었다. 교지와 왕지, 전집과 문집 등 육만여 점의 고서적을 전시할 수장고와 교육관, 경모재 및 기념관과 숙박시설 등을 국가 차원이 아니라 개인이 조성하고 있다니 한층 놀랍다. 이십여 년간 공을 들인 걸작품이 완성되어가는 장소에서 미리 보고 온 노거수의 모습이 겹쳐진다.

몇 번씩 덧칠을 하며 공을 들인 건물들이 제자리를 지켜온 선비 같다. 황칠을 먹인 몇 채의 전통 한옥은 검붉은 빛으로 저녁노을을 받아 깊은 아름다움을 발산하고, 그 옆 옻칠을 먹인 몇 채는 노란빛으로 환하고 깨끗하게 밝아 부부가 서로 조화를 이루듯 그윽한 품격이 더욱 돋보인다. 야산 전체에 소나무와 잔디와 한옥이 어우러진 모습은 보기만 해도 마음이 고요해져 문화원을 나서는 사람들의 얼굴에도 훈훈한 바람이 일렁인다.

영남유교문화원 가까운 곳에 자리하고 있는 반송般松도 수령이 사백여 년으로 추정되는데, 나무 밑둥치 아래에서부터 여러 갈래로 갈라진 소나무가 활짝 펼친 부채 같았다. 수형이 반듯하고 단아하여 한 군데 나무랄 곳이 없고 둥글게 부풀어 오른 모습이 수북하게 담긴 밥공기같이 넉넉하여 들판과도 잘 어울린다. 미리 본 회화나무가 우람하고 패기 넘치는 장군이라면, 반송의 모습은 고고하고 기품 있는 선비의 모습이다.

각 분야에서 성공하는 사람들은 보는 눈이 남다르다. 탁월한 직관과 혜안이 있다. 나중이 아니라 바로 지금 또는 그 너머의 미래까지 본다. 앞서 걷는다는 건 때로는 등이 휠 것 같은 고통으로 옹이가 지고 비바람과 폭풍우도 맞서야 한다. 사재를 털어 유교문화원을 짓고, 고서적과 각종 자료를 모아 아름드리 소나무와 반송과 회화나무를 가꾸어, 후손들에게 역사교육의 장으로 내어주는 분을 칭찬하는 소리가 드높았다.

개인의 사리사욕을 채우다가, 또는 자식들에게 재산을 물려주려고 법을 어겨가며 보기 딱한 결과를 낳는 사람들의 모습을 자주 보지 않았던가. 그에 비해 상상도 되지 않는 거액의 돈을 들여 사회에 환원하는 사람들도 많다. 시간이 조금 더 걸리더라도 평생 소명의 길을 가며 멀리 깊게 바라보는 사람은 웅혼하고 품격 있는 한 그루의 회화나무요, 반송이다. 아니, 거목을 넘어서 숫제 거대한 숲을 보았다.

오 베이비

하늘로 치솟은 입술이 탱탱하다. 도발적으로 치켜든 튼튼한 턱, 벌어진 윗입술과 아랫입술 틈이 시선을 잡는다. 긴 목덜미 뒤에서 흘러내리는 풍성한 긴 머리는 물결처럼 자연스럽다. 얼굴과 쭉 뻗은 긴 목덜미와 머리카락의 도드라진 부위는 검은색이나 음각 부분은 흰빛을 띤 회색이다. 요염한 카리스마가 보통이 아니다. 분명 하나의 돌로 조각했는데 두 가지 색이 나오니 오묘하다.

운 좋게 세계 3대 폭포 중 두 개는 보았으니 남은 하나로 완결을 짓고 싶었다. 꼭 끝내야 할 숙제를 마무리하려는 학생의 마음같이 아프리카로 날아올랐다. 일종의 허영일지도 모를 일의 완성을 앞두고 대가를 톡톡히 치렀다. 점심으로 먹은 연어회 두 조각이 문제였다. 어쩐지 색깔이 너무 붉다 싶어 크게 내키지 않았는데 역시였다. 오히려 내 것까지 더 먹은 남편은 괜찮았다. 숙소에 도착하고부터

밤새도록 화장실을 들락거렸다. 아래위로 비우기를 반복하고 나니 다음 날은 기진맥진이었다. 여행초기부터 수난이었다. 밝은 날 알고 보니 같이 먹고도 남자들은 모두 괜찮은데 여자들 몇만 곤혹을 치른 것이었다. 이과수 폭포를 보러 갔을 땐 혼자 곤혹스러웠는데 이번엔 여럿이 함께여서 그나마 위안이 되기도 하였다. 왜 폭포를 보러 갈 때마다 이런 일이 벌어지나 개탄했지만.

폭포 너비 1676m의 거대한 빅토리아 앞에 섰다. 발견자인 영국인 데이비드 리빙스턴이 자국 여왕의 이름을 붙인 폭포는 워낙 넓어 한눈에 다 볼 수 있는 것은 아니었다. 폭포 건너편 길을 걸으며 군데군데 바라볼 수 있도록 시야가 트인 곳마다 전망대를 마련하여 볼 수 있는 폭포의 모습은 다양했다. 나이아가라, 이과수와 함께 세계3대 폭포 중 하나인 빅토리아 폭포는 아프리카 여행에서 반드시 들러야 하는 명소다. 동쪽은 잠비아, 서쪽은 짐바브웨 사이의 잠베지 강에 위치한 이 폭포는 세계에서 가장 긴 폭포인 만큼 장엄한 경관을 자랑한다. 빅토리아 폭포는 최대 낙차 108m로 폭포 가장자리에서 45m 떨어진 곳에서도 폭포 소리가 천둥소리같이 크게 들릴 정도로 눈과 귀를 완전히 사로잡는다. 심장이 뛸 정도의 굉음과 물보라가 만들어내는 아름다운 무지개는 선경에 든 듯 아름답다.

폭포에 가까워져도 강의 흐름이 빨라지지 않으나, 우렁찬 폭포 소리와 물안개로 폭포에 다가간다는 것을 알 수 있다. 이 때문에 '

천둥치는 연기'라고 불린다는 설명을 들었다. 물보라 벽이 공중으로 305m 이상 튀어 올라 65㎞ 떨어진 곳에서도 이 광경을 볼 수 있다니 말이 필요치 않다. 달이 뜰 때면 안개에 달 무지개가 비치기도 한다니 그 운치가 짐작되었다. 나무 사이로 얼굴을 드러내는 병풍처럼 둘러쳐진 단애와 누구라도 품어줄 넓은 품의 폭포. 길을 따라 계곡은 한없이 이어지고 절벽은 끝이 없다. 한꺼번에 물 폭탄을 쏟는 곳이 있는가 하면 넓게 퍼져 쏟아지는 곳, 나붓나붓 새색시처럼 수줍은 곳, 우레와 같은 소리로 천하를 호령하는 곳. 각기 다른 모습들이어서 더 신비롭다. 시야가 탁 트인 바위에 앉아 소를 이루며 쏟아지는 물줄기를 쉼 없이 찍었다. 물방울 하나하나 새길 듯이. 새로움을 맛보는 것만큼 흥분되는 일은 없다. 여행도 그러하다.

폭포수가 쏴아아 온 세상을 두드리며 쓸어내린다. 걱정을, 사랑을. 튀어 오르던 물방울의 새끼 분신들이 운해를 이룬다. 무지개가 피어오르고 온 세상이 부옇게 가려진다. 검푸른 절벽들이 깨어난다. 간담이 서늘해진다. 쏟아져 내린 저 물줄기 위 끝은 어디일까. 나무에 듣는 물이 길을 묻는다. 피어오른 안개도 폭포 앞에 숨을 죽이고 대자연 앞에 무색해진 우리 인간은 작은 점이 된다. 푸른 숲 저편에서 한시름 내려놓고 저 춤사위와 노랫가락에 엉기다 보면 세상 근심은 저절로 사라지고 세속의 번뇌 말끔히 씻길 듯 격정적이다. 대자연 속에서 나를 깊이 돌아보며 침잠하는 시간은 그 값어치를 매

기기 어렵다.

다시 땡볕을 걷다가 우거진 삼림 속을 지나자 또다시 탁 트인 공간이 눈앞에 나타나고 계곡다리에서 바라보는 잠비아 편과 짐바브웨 편 빅토리아 폭포가 서로 이쪽으로 오라는 듯, 굽이진 곳에서 몸을 숨기며 유혹한다. 빅토리아 폭포는 짐바브웨 쪽이 사분의 삼을 차지하고 있었다. 국경을 번갈아 넘나들며 세 번이나 봤지만 종일 바라보고 있어도 또 보고 싶을 풍광을 두고 쉬 떠날 수가 없었다. 일정에 쫓기어 돌아서자니 폭포가 뒤를 잡아당겼다.

빅토리아 폭포를 보고 나오는 길에 짐바브웨 돌 조각품 전시장에 들렀다. 그곳에서 마주한 긴 머리의 아프리카 여인 조각상에 반해서 사자고 고집을 부렸다. 무게가 보통이 아닌 돌덩어리를 기어이 사겠다고 하니 어떻게 가져갈 거냐고 남편이 난색을 표했다.

짐바브웨는 나라 이름부터 '돌로 지은 집'을 뜻할 정도로 돌과 인연이 많은 나라다. 태고 화산활동으로 만들어진 독특한 화강암이 풍부하다. 이 화강암은 성분의 차이에 따라 다양하고 자연스러운 색조를 띠고 있으며 연마와 가열방식에 따라 또 다른 형태와 빛을 발하기 때문에 두 가지 색이 가능한 것 같았다. 아프리카 현대 미술을 대표하는 짐바브웨의 쇼나 조각은 현재 전 세계적으로 널리 알려져 있다. 스케치도 없이 돌의 형태를 그대로 유지하면서 수작업으로 돌을 쪼아낸다. 돌의 형태를 존중하기 때문에 돌로 무엇을 만든다는 생각보다는 돌 속에 숨어 있던 형상을 찾아내는 쪽에 가깝다는 것이다. 이 점이 바로 짐바브웨 쇼나 조각과, 다른 현대 조각의 큰 차이점이라고 하기에 운반은 차치하고 일을 저지르고 말았다. 처음엔 너무 비싼 값을 불러서 안 되겠다고 돌아서는데 우리를 불러 세웠다. 검은 피부의 상인이 땅바닥에 나뭇가지로 값을 쓰면 우리가 다시 제시하기를 반복했으나 맞지 않았고 일행들은 빨리 오라고 불러서 포기하고 돌아서고 말았다. 그런데 하나라도 팔자 싶었는지 다시 불러 세워 제시한 값에 싸 주었다. 아직은 순수할 것 같은 아프리카도 장사수완은 다른 곳과 비슷한 것 같아 씁쓸했다.

둘둘 싸인 누런 신문지를 풀고 그녀를 다시 보았을 때 도발적인 모습이 더욱 매력적으로 돋보였다. 사지 않고 그냥 왔으면 어쩔 뻔했냐며 마주보고 만족스러운 미소를 지었다. 돌 가게에 죽 늘어선 수많은 상품 중 그들이 권하는 것마다 고개를 젓자 한 점원이 뒷마당으로 데려갔을 때 깜짝 놀랐었다. 그곳에 있는 몇 십 점의 상품들은 공장에서 찍은 듯 보이는 것들과는 비교가 되지 않는 예술성이 돋보였기 때문이었다. 그곳의 것들은 거의가 마음에 들어 다 사고 싶었지만 그나마 크기가 작고 매력적인 그녀를 데려온 것이다. 호텔에서 그녀를 목욕시키고 비누칠과 샴푸까지 마치고 나니 검은 피부가 더 매끈해졌다. 밑바닥에 조각가의 사인 같은 것이 있었을 것 같은데 웬일인지 훼손되어 있었다. 그녀를 말린다고 세워 두었더니 넘어지면서 호텔 벽과 튀어 오른 입술이 키스를 하고 말았다. 틀림없이 입술이 깨졌을 것 같아 화들짝 놀랐는데 입술은 멀쩡하고 벽이 찍혀 흔적이 남았다. 화산활동으로 만들어진 독특한 화강암이라고 하더니 그 단단하기가 대단했다.

남은 일정 동안 그녀를 보자기에 싸서 안고 다니느라 남편은 힘들어하면서도 웃고 다녔다. 작은 가방에는 그녀의 크기가 커서 들어가지 않았고 큰 가방에는 목각제품들이 있어 함께 넣을 수가 없어 어쩔 수 없이 안고 다닐 수밖에 없었다. 남편이 애인을 안듯 가슴에 폭 안고 있는 모습을 보고 어떤 백인 아저씨가 큰소리로 "오, 베이비!"라고 해서 일행들이 폭소를 터트렸다. 보자기에 싼 모습을 보고 아기를 안은 줄 착각한 모양이었다. 그녀에게 맞는 여행 가방을 새로 살 때까지 그녀는 계속 '오 베이비'로 불리며 여럿을 즐겁게 했다.

그 베이비가 우리 집 거실에서 도발적으로 입술을 내밀고 요염하게 서 있다. 빅토리아 폭포처럼 흘러내리는 머릿결을 자랑하며 아프리카의 냄새와 색채를 온몸으로 풍기면서. 거실엔 오늘도 폭포 소리 아련하다.

노란 꽃잎

집이 가까워지자 갑자기 참을 수가 없었다. 국화꽃 향기에 취해 있던 조금 전까지 아무 생각이 없었는데 엘리베이터를 타는 잠깐의 시간도 견디기 어려워졌다. 아랫배에 힘을 주고 두 다리를 엑스자로 꼬며 엉덩이를 엉거주춤 뒤로 빼고 몸을 배배 틀었다. 누가 이 모양을 보면 얼마나 웃을까 혼자 실소하다가 아뿔싸, 천장의 카메라렌즈를 찾아 두리번거렸다. 얼른 자세를 고치는데 어린 시절 어머니가 하던 말씀이 귓전을 울렸다.

"저렇게 바쁜데 어떻게 참았노,"

사실 별로 참은 기억은 없는데 소변을 참으면 좋다는 맞지 않는 속설을 주워들은 후 자주 가지 않은 탓이 아니었을까 싶다. 하여간 집 대문 앞에 오면 갑자기 참기 어려울 정도로 요의를 느끼고 몸을 뒤틀며 부리나케 화장실로 뛰어가는 모습은 식구들을 배꼽 잡게 하곤 했다. 오랫동안 잊고 있었는데 오늘 또 그 버릇이 나왔던 것이다.

지인들과 일박이일 여행을 마치고 즐거운 기분의 연장선에서 발걸음도 가볍게 돌아왔는데 남편과 인사 나눌 겨를도 없이 꽁지에 불붙은 닭모양 후다닥 화장실로 뛰어들었다. 하지만 화장실 변기에 앉을 수가 없었다. 누런 소변이 군데군데 뚝뚝 떨어져 있었기 때문이다. 바빠 죽을 지경인데 얼룩을 닦아내고 앉느라 사달이 나고 말았다. 버린 속옷 때문에 화가 나서 큰 소리를 내고 말았다.

"변기 날개 올리고 볼일 보라고 했더니 이게 뭐예욧. 질질 흘리기나 하고…."

"뭐라구? 나갔다 오자마자 인사도 없이 버럭 소리나 지르다니!"

상한 자존심에 불끈 일어난 천둥 한 자락. 똥 뀐 놈이 성낸다고 한마디 더하면 군마처럼 펄쩍 뛸 기세다. 질질 흘린다는 말로 자존심을 건드렸으니 그럴 만도 하였다. 남자도 갱년기가 없는 것이 아니라 폐경 이후 급속히 증상이 나타나는 여성 갱년기와 달리 남성 갱년기는 서서히 진행되어 잘 모르고 지나치는 경우가 많다던가. 입을 다물고 말았다. 원인을 알 수 없는 무기력감, 성기능 장애. 만성 피로, 집중력 저하, 우울증, 불면증, 자신감 상실, 복부비만……. 그러고 보니 해당되지 않는 것이 더 적은 듯하다. 피로하다는 말을 달고 살고 공연히 짜증을 부리는 경우도 여러 번이었다. 보듬어주기는커녕 무게를 더해가는 뱃살 탓만 했으니 속이 상해 있었을 텐데 기름을 부운 꼴이었다.

젖은 속옷을 갈아입고 북북 화장실 청소를 하였다. 변기 날개 올리는 것 잊지 말라고 좋은 말로 부탁했으면 서로 마음이 상하지 않았을 텐데. 엎질러진 물이니 어쩌랴. 마음을 추스르고 깎은 과일 접시를 디밀었다. 땅땅 바둑돌 구르는 소리가 으름장 놓듯이 귓전을 울리더니 아직도 속이 풀리지 않는지 힐끗 돌아보더니,

"안 먹는다!"

'흥, 좋구로. 안 먹으면 혼자 실컷 먹지 뭐.'

이기심 찌꺼기가 발동을 했다. 발길을 홱 돌려 내친김에 안방에 붙은 화장실도 청소를 하러 갔더니 그곳도 사정은 마찬가지였다. '아이구, 못살아.' 소리가 목구멍까지 올라오다가 얼마 전 친구가 하소연하던 말이 생각났다.

"남자들 눈에는 변기에 뚝뚝 떨어뜨린 누런 소변이 안 보이는지 서서 볼일 보니 여자 입장은 생각도 않나봐. 늙어서 눈까지 침침한지 원. 여자처럼 앉아서 볼일 보라는 말을 억지로 참았네."

어느 집이든 사정은 비슷한 모양이었다. 강아지처럼 영역 표시하는 것도 아닐 텐데. '그래, 함께 늙어 가면서 남녀가 다른 노화 현상을 이해해야지. 이성적으로 생각하자. "뚝뚝 누런"이 아닌 "동글동글 노란 꽃잎"으로. 무서리 내릴 때까지 가을 야산을 화려하게 수놓는 노란 국화꽃잎으로 말이야.'

어떤 발

두툼한 발바닥이 줄을 요리한다. 흰 양말 속의 발가락이 움찔움찔, 미세한 움직임이 느껴질 듯 가까운 거리에 자리를 잡았다. 어찌 신경이 곤두서지 않을까. 외나무다리를 건너도 다리가 오그라드는데 족히 삼 미터는 됨직한 높이의 장대에 걸린 줄을 타는 그의 발은, 보는 이로 하여금 손에 땀을 쥐게 한다.

무형문화재 58호 김대균 씨가 강릉 허공에 줄을 걸었다. 빨랫줄보다는 굵다 하나 한 줄 둥근 외줄이 아닌가. 까딱 한 번 실수라도 하면 그대로 추락하여 큰 부상을 입을 것은 자명한 일. 이쪽 저쪽 어느 쪽으로도 넘어지지 않게 균형을 잡기 위한 팔놀림은 나비의 날갯짓 같고 한발 한발 내딛는 그의 발걸음을 수많은 사람들이 숨을 죽이고 쳐다본다. 조금만 줄이 흔들려도 긴장감은 고조되고 분위기는 무르익어 갔다.

시간이 지날수록, 외줄타기 명장인 그가 줄에 올라서기 전 경건

하게 제례를 올린 이유를 알 것 같다. 매인 줄 아래에 돗자리를 펴고 어린아이를 불러내어 술을 붓게 하고 절을 올린 후, 그 술로 줄을 맨 장대 곳곳에 정성스레 부을 때는, 다소 낯설고 의도된 듯하여 지루하다고 느꼈었는데 금세 미안한 마음으로 바뀌었다. 바라보는 이도 저절로 기도하는 마음이 되는 것을. 줄 위를 한발 한발 얌전히 걷다가 발을 헛디뎌 떨어질듯 하다가 다시 공중으로 공이 튀어 오르듯 펄쩍 뛰어오른다.

"악."

마당을 가득 채운 사람들의 입에서 동시에 비명이 터져 나왔다. 튀어 오른 몸이 아래로 툭 떨어지는 찰나 터져 나온 비명이었으나, 그는 두 다리를 벌리고 시소를 타듯 줄 위에 내려앉았다. 줄 하나만을 의지하여 가볍지 않아 보이는 몸이 털썩 내려앉았으니 얼마나 아플 것인가. 중간동네가 고장 났다고 그가 너스레를 떤다. 아니, 너스레가 아니다. 삼십 년 넘는 세월, 뼈를 깎는 훈련의 과정 중 피딱지가 앉고 고름이 끼면서 살이 무디어진 결과가 아니겠는가. 자신의 일을 완수한 자만이 누리는 행복, 아낌없는 박수가 쏟아져 나왔다.

그가 줄 위에서 자유자재로 걷고 뛴다. 양반다리를 하다가 손 한번 쓰지 않고 한쪽으로 걸터앉다가 자석에 철가루 붙듯 무릎을 꿇기도 한다. 편안한 안방이 따로 없다. 얼마나 많은 시간을 줄 위에 바쳤을까. 줄 위의 거리를 여행한 발자국마다 어찌 사연이 없었을까.

외줄을 타는 일만큼 외로운 일도 없으리라. 한 발씩 그 줄 끝까지 다다르기 위해 두려움을 참고 고뇌하며 밀려오는 고통을 승화시켰기에 고수로 태어나지 않았을까.

"이쪽은 낭떠러지요, 저쪽도 낭, 좌우가 낭인데 가진 것 없고 머리에 쓴 것은 초립밖에 없것다. 줄만 잘 타면 성공할 수 있다 하여 아홉 살에 줄에 올라 삼십 년 넘게 줄을 탔지만 별 볼일 없고, 매번 엉덩이만 터지고 줄광대라고 손가락질만 하고, 좋은 것이 딱 하나 있는데 여기 있는 여러분들이 나를 올려다보는 것이오."

재담을 섞은 그의 노랫말이 구수하다. 자신의 재능에 확신을 가졌던 것일까. 그는 줄을 타기 위해 중학교를 중퇴하고 밥 먹고 잠자는 것도 줄 위에서 할 정도로 온 정성을 바쳤다고 한다. 무엇엔가 미친 사람만이 길을 낼 수 있다. 가슴에 이는 불은 아무도 끌 수 없다. 이 길밖에 길이 없다고 믿으며 한 길을 걷는 사람들이 있었기에 맥이 끊이지 않고 우리 얼이 계승되고 있음이 아닌가. '무엇이 되고자 하면 그것을 먼저 자신에게 말하고 해야 할 일을 향하여 도전을 하면 반드시 이루어진다.'는 로마의 철학자 에픽테토스의 말이 생각난다.

"발바닥이 입이라고, 목마르면 물을 들이켜듯이 물기가 없으면 줄타기도 어렵다."며 투박한 손에 물을 묻혀 두툼한 면양말 바닥을 축이고 그가 또다시 사뿐 줄 위로 오른다. 그의 발은 보통 사람보다 좀 더 넓어 보인다. 줄에서 떨어지지 않으려고 안간힘을 쓰면서 스스로 영역을 넓혀 나간 건 아닐는지. 환경에 적응해 가는 발이 전하는 소리에 귀를 기울여 본다.

줄타기는 허공 위에서 보여주는 기기묘묘한 기술만 있는 것이 아니다. 삼현육각 반주에 맞추어 춤추고 소리하며, 추임새를 넣는 땅 위의 어릿광대와 호흡을 맞추어 주거니 받거니 재담도 하는 종합예술이다. 줄을 타는 곳의 정서와 음악과 호흡까지 맞춰야 하며, 재담의 내용도 공연하는 장소와 관중에 따라 달라진다고 한다. 줄을 타는 모습에 집중하는 관중들 속에 네댓살 아기들의 모습은 전깃줄에 앉은 제비새끼 같았다. 한창 고물거릴 나이지만 줄지어진 의자 앞 땅바닥에 조르르 앉아 고개를 뒤로 발딱 젖힌 채 집중하는 귀여운 모양에 우리 삼총사도 한마디씩 입을 보탰다.

인간문화재가 대접받는 세상이 되면 좋겠다는 그의 어깨 위에서 햇살이 눈부시게 미끄러진다. 허공과 땅 사이에 가로놓인 줄은 남녀노소를 하나되게 하는 소통의 도구였다. 팽팽한 외줄 위에서 공중잡이하는 모습이 오래 잔영으로 남을 것 같다. 허공에 줄 하나 걸어놓고 무형문화재, 눈 달린 것 같은 그의 발을 생각하며 생각의 묘기를 부리는 일이 잦아질 것 같은 예감이 든다.

옛날이야기

"선생님도 첫사랑 있었나요."

눈을 동그랗게 뜬 어린아이가 의아한 듯 물었다. '나이 든 사람은 태어날 때부터 중늙은인 줄 아냐?' 소리를 삼키고 옛날이야기를 들려주겠다고 하자 손뼉을 치며 좋아했다.

요즘 인기 있는 남자는 유머 있고 자상한 남자라고 한다. 내가 좋아했던 입이 무겁고 말이 적은 스타일과는 대조적이다. 그때는 조잘조잘 잘 지껄이는 남자는 왠지 가벼워 보였고 신뢰감이 생기지 않았다. 원초적으로 딸은 아버지를 닮은 남자를 좋아하고 아들들은 어머니를 연상시키는 여자를 좋아한다는 말을 들은 적이 있다. 나도 입이 무겁고 말씀이 적었던 아버지의 영향을 많이 받았었나 보다.

첫 발령을 받아 간 학교의 교무실에서 나의 작은 신발과 손을 보고 한마디씩 거들던 남선생님들의 얼굴을 제대로 쳐다보지도 못했었다. 한동안 고개도 제대로 들고 다니지 못했고 한참 지난 어느 날, 큰 키를 구부정하게 숙이고 앉아 질책을 당하는 듯한 그가 처음으로 눈에 들어왔다. 낯선 사람들의 다그치는 듯한 언동에도 별 말 없이 악의 없어 보이는 얼굴의 그가 측은해 보이기까지 한 것이 내 마음의 시작이었다. 육성회 업무를 맡은 그가 치러야 하는 감사였으나 햇병아리 교사가 알 리가 없었다.

퇴근 후에도 선배 교사들이 시키는 대로 따라하고 다녔다. 그날도 여럿이 같이 자리를 했다가 헤어지는 길에서 뒤처진 나의 앞을 그가 가로막았다. 예상하지 못했던 일이었고 동행들이 있어 당황스러웠지만 싫지는 않았다. 앞서 간 여선생님들을 따라가야 할 것 같아 그를 피해 오른쪽과 왼쪽으로 피해 다녔으나 그때마다 틈을 주지 않고 막아서는 행동이 몇 번이고 되풀이되었다. 한계를 느끼고 재빨리 옆에 있는 논으로 뛰어들어 보았으나 허사였다. 건장한 남자를 따돌리기가 쉽지 않았다. 포기하고 멈추어 서자 그도 말없이 마주선 채 얼어붙은 듯이 꼼짝 않고 있었다.

우리의 멈춤에 모든 것이 따라 멈춘 듯 주위는 고요하기 그지없었고 세상엔 둘만이 존재하는 듯 말이 필요 없었다. 얼마의 시간이 흘렀을까, 앞서갔던 동료들이 되돌아오는 소리가 들렸다. 우리의 모습에서 심상찮은 분위기를 눈치채고 웃음으로 한마디씩 거들 때까지 장승처럼 서 있기만 했다. 짧은 시간이었지만 거역할 수 없는 힘에 압도된 밤이었다.

그렇게 말없음으로 시작한 탓인지 그는 말보다 노래하기를 즐겼다. 넘어가는 햇살을 받아 붉게 물든 창가에 서서 곡을 바꾸어 가며 어두워질 때까지 노래를 부르곤 했다. 신중한 모습 못지않게 매력을 느낀 것은 그의 목소리였다. 적당히 울려 부드럽게 퍼지는 그의 목소리를 듣고 있으면 엄마 품에 안긴 듯 포근했다.

그 시절 교실에선 쇠로 만든 반원형 두 개를 마주 포개는 난로를 주로 사용하고 있었다. 불 피우는 솜씨가 능숙하지 못해 긴 장작을 쑤셔 넣거나 개구쟁이들이 연통을 건드리기만 해도 난로는 어긋나기 일쑤였다. 발갛게 달아오른 난로를 감당하지 못할 때마다 그를 불러 오곤 했더니 조금만 이상해도 애들은 그 교실로 쫓아갔다.

하루는 약간의 시간이 지나도 오지 않기에 문밖에 나갔더니 급히 달려오다가 나를 보고 갑자기 멈춰 서는 것이었다. 나오는 웃음을 참고 보조를 하며 연통까지 바로 잡고 보니 애써 손질했을 머리 위에 하얗게 재가 앉아 있었다.

새 학기가 시작되기 전 그는 중심지 학교로 전근이 되었다. 그가 없는 학교는 온통 텅 비어 버린 듯 황량했고 가슴 속을 휑하니 찬 바람이 헤집고 다녔다. 둘 사이에 가로놓여 있는 높은 고개만큼 우리 사이도 멀어질 것만 같았다. 우려와는 달리 우리의 관계는 오히려 가까워졌다. 전화선을 통해 들려오는 그의 목소리가 더욱 애틋해졌고 가끔의 만남은 더욱 가슴 설레게 했다. 만나기로 한 장소가 가까워질수록 심장이 두근거리고 다리가 후들거려 발걸음을 떼놓기조차 쉽지 않았다. 헤어지기 싫어서 미적거리다가 돌아서는 뒷모습을 보지 않으려고 동시에 돌아서기도 했지만 몇 발짝 못 가서 돌아보며 손을 흔들었다.

이전까지는 누가 첫사랑을 물어 오면 초등학교 시절을 떠올렸다. 2학년과 3학년을 같은 반에서 생활하면서 친하게 지냈던 몇몇 남학생들이 있었다. 주로 방과 후 연극을 한다고 집으로 부르러 오는 남학생들 중에 그 애는 한 번도 끼어있지 않았다. 말이 적어 더욱 조숙해 보이던 그 애를 다시 본 것은 6학년이 된 어느 날이었다.

학교끼리 선생님들을 바꾸어 감독하면서 시내 아동들을 모두 참여시킨 글짓기 대회가 있었다. 운문부와 산문부에서 각각 장원을 한 그 애와 내가 함께 시상대에 오르면서 그 애가 아직도 같은 학교에 다니고 있다는 걸 알았다. 4학년부터는 남학생과 여학생반을 따로 나누었기 때문에 잘 보지 못했던 모양이다.

그 후 얼마 지나지 않아 그 애와 아무도 없는 계단에서 딱 마주쳤다. 수업 중 심부름을 가는 길이었고 그 애는 심부름을 마치고 돌아오는 길 같았다. 우리는 아무 말도 못하고 서로가 얼굴이 빨개져 황급히 멀어져 간 것이 마지막이었지만 첫사랑 하면 그 애가 떠올랐던 것이다. 그러나 그를 만나고부터 그것이 사랑이었다면 풋사랑에 지나지 않는다는 걸 알았다.

흔히 첫사랑은 이루어지지 않는다고 하지만 나만은 예외이고 싶었다. 가 본 적 없는 곳에 발령을 받은 것 하며 그가 그곳에서 기다리고 있었음은 운명이었다고 애써 의미를 부여했다. 몇 년간 사귀다 보니 우여곡절도 많았고 위기도 있었지만 지금도 나는 그의 노래 소리를 듣고 있다. 첫 출근, 첫 만남, 첫날밤, 첫 출산. 설렘으로 온몸의 세포가 자지러지는 첫 경험은 모두 그와 함께였다. 거실의 TV에서 흘러나오는 노래를 따라 부르고 있는 그는 핸섬하던 모습은 간데없고 목소리도 많이 거칠어지고 뱃살이 불어나 묵직한 바위가 되어 간다. 성우보다 좋은 목소리라고 호들갑을 떨던 나도 이제는 그 소리가 그 소리 인 양 무덤덤해졌다. 그러나 거칠어진 목소리에 말수 적은 바위일지라도 그의 노래가 오래 계속되기를 바라는 마음은 변함이 없다. 이제 첫사랑 열차는 과거의 시간 속으로 꼬리를 감추며 우리는 농익은 가을 속에 있다.

친구를 보고 "선생님은 죽을 때가 다 돼 가지요?" 했다는 꼬마들의 눈엔 우리들의 파릇했던 모습이 그려지겠는가. 어린이들에게는 내용과 다르게, 이야기 형식으로 각색해서 들려준, 옛날이야기가 되어버린 머릿속의 첫사랑 이야기였다.

우주를 꽃으로 장식하기

장흥이 부른다. 짧은 기간 동안 그의 품에 네 번째 안겼건만 설렘은 줄어들지 않았다. 오히려 이번엔 더욱 들뜬 마음으로 길을 나섰다. 전국에 흩어져 있는 《수필과비평》 식구들을 만날 수 있기 때문이다. 게다가 이름난 산과 바다, 문학특구 고장인 장흥 행사가 손짓하니 두 발 벗고 나설 수밖에.

대구수필과비평작가회의 회원들은 남다른 감회에 젖어 네 시간이 넘는 긴 여행도 지루한 줄 모르고 정남진 리조트에 닿았다. 새벽밥을 먹고 나선 덕분에 가장 먼저 도착하였고 집행부 임원들이 다정하게 맞아주는 가운데 다른 도시에서 출발한 버스들도 속속 도착했다. 조용하던 장흥 댐 주변이 활기를 띠고 사람과 사람 사이는 더 가까워지고 녹음은 더 짙어간다.

수필과비평작가회의에 이어 한승원 선생님의 〈시인의 마음으로 살아가기〉 강연이 있었다. 도깨비나라 은행에서 대출을 받아 바다와 하늘과 자연 모두를 사서 토굴(집을 낮춘 말)을 짓고 글을 쓰며 사신다는 선생님. 하얀 한복과 깨끗한 얼굴이 자연의 주인답다.

“작가는 눈높이를 고정시키지 말고 천수천안으로 글을 제도하라.”는 말씀이 가슴에 와 닿았고 재미있는 옛날이야기 속에서 끄집어내는 이야기 중 벌레의 눈높이에서 부처의 눈까지 다양한 눈높이 중에서 수필가가 가져야 할 눈높이의 강조와 “글감을 찾을 땐 시체를 본 까마귀처럼 달려들어라. 누구나 쓸 수 있는 글은 쓰지 마라.”는 엄중한 말씀에 모두 귀를 기울였다.

제11회 수필과비평문학상과 제6회 황의순문학상 및 신인상시상식과 축하연이 이어지고 길을 걷는 것만이 아닌, 길을 내고 있는 사람들의 진솔한 이야기와 노래 및 춤으로 친밀의 간극은 더욱 좁아지고 여름밤은 깊어갔다.

불이 잘 붙지 않던 장작개비가 활활 타오르자 별은 더욱 빛나고 손을 잡고 돌면서 장흥에서의 추억을 또 하나씩 가슴에 담았다. 못다 푼 여흥에 취한 회원들의 아름다운 동요와 가요에 섞인 이야기까지 잠자리에 누운 사람들의 귀도 즐겁게 새벽까지 함께 즐기다 잠속으로 빠져들었다.

다시 맞은 맑고 활기찬 아침, 신선하고 상큼한 공기 탓인지 피로한 기색도 없이 즐겁게 식사를 마치고 문학기행이 시작되었다. 장흥 토요시장 곁을 흐르는 탐진강변의 깨끗하고 풍부한 물과 연꽃과 수

련, 갖가지 이름다운 꽃과 잔디와 어우러진 큰 물레방아 등 수려한 강변의 풍광에 모두 탄성을 질렀다.

40년생 편백나무가 울창한 억불산우드랜드에 도착했다. 초록의 상쾌한 바람 속에 아름드리 나무가 하늘을 찌를 듯 솟은 드넓은 숲의 장관에 더욱 놀라고 바라보는 것만으로도 자연과 하나가 되었다. 휴식과 학습도 할 수 있는 친환경 공간인 이 숲은 편백나무에서 뿜어내는 피톤치드에 머리가 맑아짐을 바로 느낄 수 있었고 신선하고 향긋한 나무 향기에 정신을 빼앗겼다. 여기에선 마음이 몸을 앞선다.

더 머물고 싶은 마음을 달래며 '한승원 문학 산책로'로 향했다. 여다지 해변에 조성된 30여 기의 시를 감상하며 상념에 젖었다. 바다는 감성을 깨우고 서정을 일으키며 사색을 부르는, 기다림을 품은 정한적 공간이라는 생각을 해본다. 선생님이 고향을 사랑하고 지키며 시를, 소설을 쓰는 힘의 원천은 아닐는지.

"한국근현대문학은 이청준 선생님을 만나 비로소 정신의 실핏줄을 얻었다."는 황지우 시인의 추모시를 떠올리며 이청준 생가로 발길을 돌렸다. 작품 〈눈길〉의 무대로 슬픈 사연이 어린 생가, 주변에 축사가 많아 눈살을 찌푸리게 하는 소박하고 소담한 집을 나와 버스에 올랐다.

처음 장흥을 찾았을 땐 이청준 선생님의 묘소 앞에 조성된 '문학자리'를 둘러보며 선생님의 작품세계를 한눈에 보고 문학의 향기를 느낄 수 있었는데 시간에 쫓겨 이번에는 들르지 못해 아쉬웠다. 우리 수필과비평 식구들과 함께 선생님을 제대로 만났으면 더욱 좋았을 텐데, 생가만 보고 실망한 사람이 많은 듯하여 더욱 아쉬웠다.

문학 특구 장흥, 두 분 외에도 송기숙, 이승우 선생님 등 시인과 소설가들이 많이 배출되었고 억새가 유명한 천관산에는 문학공원도 조성되어 있다. 작은 군에서 배출한 많은 문인들과 철쭉 군락지 제암산, 편백숲과 천문과학관, 며느리바위의 전설이 얽힌 억불산과 사자산 등 유명한 산이 많다. 또 물 축제장 탐진강과 정남진을 안고 있는 바다며 키조개와 쇠고기, 표고버섯을 함께 굽는 삼합으로 유명한 토요시장, 바지락회무침 등 볼거리와 즐길거리, 먹을거리가 풍부한 장흥 사랑에 푹 빠져버렸다. 이번 행사가 이곳에서 이루어지도록 애쓰신 회장님과 물심양면으로 배려를 해주신 장흥군과 집행부 선생님들께 고마움을 전하고 싶다.

대구수필과비평 창간호를 가슴에 안고 다녀왔기에 더욱 특별한 이번 하계행사를 잊지 못할 것이다. 창간호 탄생을 도와주신 서정환 사장님과 언제나 살갑게 맞아주고 배려를 아끼지 않는 유인실 주간님 등 여러분께 감사를 드린다.

편백숲의 보라색 벌개미취와 여다지 해변의 붉은 해당화를 생각하며 한승원 선생님의 말씀대로 우리는 또 각자의 자리에서 '우주를 꽃으로 장식하기' 위해 저마다의 꽃을 부지런히 피울 것이다.

●

행복을 굽는 시간

찰칵, 마음의 빗장이 열리는 소리.

시민과 함께하는 문학투어에 참여한 수백 명의 사람들이 단체 사진을 찍고 1~7코스까지 7대의 버스에 나누어 타고 들뜬 마음으로 출발을 했다.

6코스는 어린이회관-국립대구박물관-대구미술관-노변동사직단-모명재-고모령노래비-영남제일관 순서였다. 특히 가보지 못했던 사직단과 모명재에 마음이 끌려 선택하게 되었다. 조잘대던 별뉘들이 자지러지는가 싶더니 어느새 하늘이 흐려지고 한두 방울 비가 내리는 가운데 어린이회관을 둘러보았다. 앞에서 이끌어주신 심후섭 부회장님의 해박한 나무해설과 국립대구박물관의 유물 해설을 거쳐 경관이 수려한 대구미술관 야외에서 도시락을 먹었다. 참가비 만 원에 비해 맛있는 도시락과 손수건, 차량 제공 등 푸짐한 대접을 받으면서 꼼꼼히 준비한 대구문인협회 장호병 회장님과 준비위원님들의 노고를 짐작할 수 있었다.

“전하, 종묘사직이 위태롭습니다.”

잘 다듬어진 넓은 잔디 언덕위에 세워진 사직단, 동서남북 4방위에 위치한 홍살문 안 어디선가 국가의 안위를 걱정하던 신하들의 목소리가 들리는 듯했다. 시지월드컵공원 미술관 가는 길에 노변동 사직단이 위치해 있었다. 그리 멀지 않은 곳에 중요한 기념물이 있는 것을 이번 기회에 알게 되어 아주 뜻이 깊었다. 사직단의 의미는 국토지주國土之主의 ‘사社’(토지의 신) 오곡지장五穀之長의 ‘직稷’(곡식의 신) 두 신위에게 제사를 드리던 곳으로 이곳에 단을 쌓고 봉사하므로 사직단이라고 했다. 국토와 오곡은 국가와 민생의 기본으로 ‘사직’은 국가를 가리키는 뜻으로도 사용되었던 것이다.

대구광역시 기념물 제16호로 지정된 사직단은 비가 내리기를 바라는 기우제, 풍년이 들기를 바라는 기고제도 지내던 역사적인 곳으로 뚝눈에도 명당의 기운을 느꼈다. 종묘와 함께 국가적 차원에서 중요시되던 사직은 다른 명칭으로 ‘종묘사직’이라고도 하고 ‘종사’라고도 하지 않던가. 옛 문헌에서도 국가의 안위를 걱정할 때 ‘사직이 위태롭다’고 하였던 것이다. 나라의 평안을 기원하며 다 함께 예도 올렸다.

모명재는 임진왜란 때 우리나라에 원정을 왔던 명나라 장수 두사충이 귀화하면서 대구에 정착하였기에 두사충의 호인 '모명'에서 따와서 지은 건물로 '모명'은 고국인 명나라를 그리워한다는 뜻이라고 한다. 경산으로 가는 대로변의 형제봉 기슭에 위치해 있었다. 주위의 지형을 살펴 진지를 구축하기에 적합한 터를 잡아주는 풍수전략가이기도 한 두사충의 자취는 대구 곳곳에 남아있기도 하다. 건물 입구에 붉디붉은 꽃을 매단 수형이 멋진 배롱나무와 이순신 장군의 시가 적혀 있는 건물의 기둥이 특히 눈에 띄었다.

어머님의 손을 놓고 돌아설 때면/ 부엉새도 울었다오 나도 울었오

가랑잎이 휘날리는 산마루턱은/ 넘어오던 그날 밤을 언제 넘느냐

수성구 만촌동 파크호텔 남쪽 길에서 팔현마을로 넘어가는 고개를 고모령顧母嶺이라고 한다. 고개라기보다는 지금은 고갯길이 깎여 언덕길에 불과하였고 포장도 되어 있어, 고향을 떠나는 아들이 어머니의 손을 놓고 눈물을 흘리며 돌아섰다던 고모령의 모습이 많이 퇴색된 듯했다. 도로 귀퉁이에 한적하게 서 있는 노래비 옆으로는 쉴 새 없이 차들이 씽씽 지나다녔다. 노래비 앞에서 행사에 참가한 사람들과 「비 내리는 고모령」 노래의 뜻을 새기며 입을 모아 합창을 했

다. 고모령을 취재하다가 열차에 치여 숨진 한국일보 사진부 김문호 기자의 사연에 애틋해 하며 고모역과 고모령을 뒤로하고 출발지였던 문화예술회관으로 돌아왔다.

꼼꼼하고 완벽한 해설 덕분에 유익하고 뜻있는 하루가 되었고 이런 행사를 기획하고 추진하신 장 회장님의 안목과 노고에 대해 모두 치하했다. 그리고 앞으로도 이 행사가 지속되기를 모두가 희망했다. '대구 톺아보기', 톺아보기란 '(사람이 무엇을)샅샅이 훑어가며 살피다.'란 뜻의 말에 어울리게 대구 여러 곳을 나뉘어 살펴보도록 한 행사로 대구를 자세히 알고 시민으로서 자부심을 느낄 수 있게 했다, 일정에 맞춰 둘러본 하루, 행복을 굽는 시간이었다.

피귀자 수필집

그대에게 가는 길

인쇄 2017년 8월 11일
발행 2017년 8월 17일

지은이 피귀자
발행인 서정환
펴낸곳 수필과비평사
주소 서울시 종로구 삼일대로 32길 36(익선동 30-6 운현신화타워 빌딩) 305호
전화 (02) 3675-3885(063) 275-4000 · 0484
팩스 (063) 274-3131
이메일 shina2347@naver.com essay321@hanmail.net
출판등록 제300-2013-133호
인쇄 · 제본 신아출판사

ISBN 979-11-5933-104-6 03810

값 13,000원

이 도서의 국립중앙도서관 출판시도서목록(CIP)은 서지정보유통지원시스템 홈페이지(http://seoji.nl.go.kr)와 국가자료공동목록시스템(http://www.nl.go.kr/kolisnet)에서 이용하실 수 있습니다. (CIP제어번호: CIP2017020234)

Printed in KOREA